www.tredition.de

Mara Bausch

Mein Leben im Wandel

www.tredition.de

© 2021 Mara Bausch

Verlag und Druck:
tredition GmbH, Halenreie 40-44, 22359 Hamburg

ISBN
Paperback: 978-3-347-39879-5
Hardcover: 978-3-347-39880-1
e-Book: 978-3-347-39881-8

Inhaltsverzeichnis

Im Sinne einer besseren Lesbarkeit der Texte wurde von mir entweder die männliche oder weibliche Form von personenbezogenen Hauptwörtern gewählt. Dies impliziert keinesfalls eine Benachteiligung des jeweils anderen Geschlechts.

Frauen und Männer mögen sich von den Inhalten meiner Texte gleichermaßen angesprochen fühlen.

Ich danke für Euer Verständnis.

Vorwort

Ich bin Mara, 39 Jahre alt, verheiratet, Mutter zweier Kinder und die Autorin dieses Buchs.

„Mein Leben im Wandel" ist ein Ausschnitt an Erfahrungen und Erkenntnissen der letzten beiden Jahre, in denen ich mich intensiv mit mir selbst beschäftigt habe.

Durch die Anliegenmethode von Prof. Dr. Franz Ruppert bin ich auf meine frühen Verletzungen in der Kindheit gestoßen, die mein Leben als Erwachsene immer noch beeinflussen, ohne dass ich mir dessen bewusst war und teilweise heute noch nicht bin.

Dabei geht es in der Identitätsorientierten Psychotraumtherapie (IoPT) nicht nur um große traumatische Ereignisse wie Krieg, Unfall oder Vergewaltigung.

Es werden auch die prägenden Beziehungserfahrungen als Kind in der Familie sichtbar und bewusst erfahrbar, die sich auf mein gesamtes späteres Denken, Handeln und Fühlen auswirken.

Destruktive Verhaltensmuster, Denkweisen, Gewohnheiten, Glaubenssätze und Programmierungen, die ich aus der Kindheit mit in mein Erwachsenenleben genommen habe und die mir unbewusst das spätere Leben schwer machen.

Das können Schwierigkeiten sein in Beziehungen mit dem Partner, Kindern oder Eltern, Konflikte und Erfolglosigkeit am Arbeitsplatz, physische wie psychische Erkrankungen jeglicher Art. Minderwertigkeitskomplexe, Sinnlosigkeit im Leben, Ängste, Traurigkeit, Wut und andere unerklärbare Gegebenheiten, deren Ursachen nicht bewusst sind.

Es sind die oft frühen Erlebnisse oder vorherrschenden Familienstrukturen, mit denen ich als Kind nicht fertig geworden bin. Unausgesprochenes, das heute noch belastet.

Irgendwie bin ich trotzdem groß geworden.

Das war nur möglich, weil ich mich so an die Situationen angepasst und meine von Natur aus angeborene Identität verändert habe und verformen lassen *musste*, damit ich es in dieser Familie aushalten konnte.

Dabei bin ich nie psychisch auffällig geworden.
Mein Leben verlief im Großen und Ganzen „normal". Zumindest so normal, wie ich es damals als „normal" verstanden habe, weil ich nichts anderes kannte.

Die verschiedenen Anliegen in den Aufstellungen, sei es von mir selbst oder auch von anderen Seminarteilnehmern, haben mir vor allem im Nachgang noch tiefere Einsichten in mein Leben gegeben. Ich habe festgestellt, dass es besonders hilfreich ist, die auf dem Tonaufnahmegerät aufgenommen Aufstellungen im Nachhinein noch einmal anzuhören und abzuschreiben.

Viele wichtige Lösungssätze wären mir sonst verloren gegangen. Es fällt mir leichter, so die weiteren damit verbundenen Zusammenhänge in meinem Leben zu erkennen.

Für mich ist es immer noch spannend, die „alten" Aufstellungen anzusehen; es zeigt mir, wo ich damals innerlich stand und wo ich mich hin entwickelt habe. Was sich in der Zwischenzeit verändert hat, - für mich und mein Umfeld.

Anfangs war ich nur auf die Lösung eines lästigen Problems ausgerichtet. Inzwischen habe ich festgestellt, dass es mir Spaß macht, mich mit mir zu beschäftigen.

Ich habe ein Interesse an mir bekommen.

Ich fange an, meinen Wert zu erkennen.

Mein Leben hat einen tieferen Sinn bekommen.

Ich will mich noch besser kennenlernen.

Ich will mein Leben so gestalten und leben können,
wie ICH bin.

Dieses ICH will ich wieder in mir finden.

Mein ICH, das im Laufe der Zeit immer mehr verloren gegangen ist. Durch Kränkungen, übergestülpte Meinungen und Urteile von anderen, durch meinen eigenen selbstzerstörerischen Umgang mit mir selbst.

Nach und nach gesellen sich wieder gesundete Anteile zu mir, die ICH wirklich bin.

Dadurch hat ein Wandel in mir stattgefunden und in meinem Leben.

Ich kann klarer unterscheiden zwischen mir und anderen.

Es fällt mir leichter, meinen Blick bei mir zu behalten.

Egal, was passiert, es bricht kein Drama mehr in mir aus, denn ich habe meinen Weg gefunden, wie ich Dinge in mir klären kann.

Das gibt mir Selbstvertrauen. Ich beginne aus mir heraus zu handeln.

Ich entscheide mehr und mehr für mich, weil ich mir wichtig geworden bin.

Ich spüre, dass nur das, was ICH wirklich will, das einzig richtige für mich sein kann.

Dieses Buch ist Teil meiner Entwicklung.

Anfangs war ich gar nicht so sicher, ob *ich* ein Buch schreiben soll.

Mein alter Glaubenssatz aus der Familie, dass Autor kein „richtiger" Beruf ist, hinderte mich daran überhaupt näher darüber nachzudenken.

Als ich dann zu schreiben angefangen habe, war ich mir nicht sicher, ob das, was *ich* aufs Papier bringe, gut genug ist.

Mit diesem Buch bin ich wieder meinen alten Zweifeln begegnet.

Während des Schreibens habe ich festgestellt, dass sich auch mein Schreibstil immer wieder verändert hat. So sind meine Texte zunehmend weicher und klarer geworden.

Dieses Buch ist aus meiner heutigen Sicht geschrieben, so wie es meinem jetzigen Entwicklungsstand entspricht.

Mein nächstes Buch wird vermutlich wieder anders sein, denn ich bin dabei, mich weiterzuentwickeln.

Ich bin nicht „perfekt".

Es ist nicht meine Absicht über andere zu urteilen. Vielleicht wirkt das an manchen Stellen so aus meiner Gefühlslage heraus, doch das ist nicht so gemeint.

Über die Aufstellungsarbeit

Seit 2,5 Jahren bin ich in einer Gruppe, die gemeinsam ihre Anliegen aufstellt. Anfangs haben wir uns nur sporadisch getroffen.

Ein persönliches Anliegen wird durch Wörter oder Symbole aufgeschrieben. Für jedes Wort oder Zeichen wird ein Stellvertreter ausgewählt, der dann für dieses Wort in Resonanz geht.
Durch den in Gang kommenden Prozess, werden unbewusste Muster, Blockaden und Verstrickungen sichtbar.

Ich kann mich noch gut an die ersten Aufstellungen erinnern. Es war mir peinlich, dass etwas Unangenehmes aufgedeckt werden könnte.

Was denken dann nur die anderen von mir?

Außerdem kam ich mir in meiner Rolle so vorgeführt und zur Schau gestellt vor.

Zu Beginn war es nicht so einfach für mich, mich in meine Rolle als Stellvertreterin rein zu fühlen. Noch schwieriger empfand ich es, meine Gefühle zum Ausdruck zu bringen und zu benennen. Das war ich nämlich überhaupt nicht gewohnt.

In meiner Kindheit hat nie jemand über Gefühle gesprochen. Es schien geradezu verboten zu sein, darüber zu reden oder unangenehme Gefühle überhaupt zu zeigen.

Dazu kam das Gebot der Kirche „Du sollst Vater und Mutter ehren". Und jetzt sollte ich laut aussprechen und anerkennen dürfen, dass meine Eltern doch nicht so gut zu mir waren.
Eine echte Hürde für mich.

So waren die Aufstellungen in unserer Anfangszeit länger und dramatischer. Wir haben für jedes Anliegen bis zu fünf Wörter verwendet. Mit der Zeit ist es uns leichter gefallen, uns schneller in die Rollen einzufinden. Inzwischen verwenden wir meistens nur noch ein bis drei Wörter für unsere Anliegen. Die Aufstellungen sind wesentlich kürzer und intensiver geworden.

Bevor ich die erste Aufstellung erlebt habe, war ich mir nicht sicher, wie diese Methode wirken soll. Ich war skeptisch.

Doch ich habe erfahren, wie zielgenau die wunden Punkte in mir getroffen sind, wenn ich mitten in der Aufstellung so blockiert bin, dass ich den Satz nicht richtig aussprechen kann.

Dabei sind die Aussagen der Stellvertreter exakt genau. Es ist für mich immer noch erstaunlich, wie präzise und detailgetreu oft Gestik, Mimik, Verhalten oder der Blick der betreffenden Person in den Aufstellungen ist, ohne dass die Stellvertreter die Person kennen.

Die Klarheit über meine Situation als Kind macht mir die Zusammenhänge mit meinem heutigen Problem bewusst.

Eine befreiende Erleichterung stellt sich oft unmittelbar während der Aufstellung ein, nachdem die klärende Wahrheit ausgesprochen wurde. Nicht selten habe ich in den nächsten Tagen Muskelkater, wenn sich die jahrzehntelangen Blockaden lösen.

Wir sind auch als Gruppe zusammengewachsen und haben uns entwickelt. Das anfänglich starke Bedürfnis nach Anerkennung hat sich gelegt. Die Aufstellungen haben auch dazu beigetragen, dass sich keiner mehr so schnell persönlich angegriffen fühlt. Wir haben aufkommende Schwierigkeiten untereinander zum Anlass für eine Aufstellung genommen.

Dadurch ist ein tiefes Verständnis füreinander entstanden. Wir erkennen die Ursachen, die in uns auslösen, dass wir heute so sind wie wir sind. Uns ist klar geworden, dass es nicht an uns als Mensch liegt, sondern an den alten Wunden, die jeder jeweils in sich trägt.

Die Aufstellungen finden in einem geschützten Rahmen statt.

Wir haben das Glück, einen intuitiven Begleiter und IoPT - Therapeuten, unseren „Seelencoach" Uli Schäufele an unserer Seite zu haben, der uns mit seiner Klarheit im Aufstellungsprozess begleitet. Er hilft uns, die aufkommenden Wahrheiten in gezielte, wirksame Worte und Lösungssätze nach NLP (Neuro-Linguistisches Programmieren) zu formulieren, die einen tiefen und nachhaltigen Heilungsprozess in Gang bringen.

Durch die heilsamen Einsichten, die sich in uns eingestellt haben, hat sich ein echtes Interesse an regelmäßigen Treffen entwickelt. Wir sind uns wohlwollend gesonnen und haben in uns eine Gruppe Gleichgesinnter gefunden, die auf dem Weg zur eigenen wahren Identität ist.

Ich habe stellenweise verschiedene Ausschnitte aus unseren Aufstellungen beigefügt, um Euch einen Einblick in unsere Aufstellungsarbeit in der Gruppe zu geben.

Es ist jederzeit möglich, an unseren Seminaren teilzunehmen. Alle Anliegen sind willkommen.

Bitte wendet euch bei Interesse an:

Uli Schäufele

Tel: 0151/207 98 456

www.befreitsein.de

Bei dringenden Anliegen erhaltet ihr auch telefonische Begleitung.

Liebe Seminarteilnehmer,

ich möchte Euch Danke sagen!

...für Eure Aufstellungen, die ihr mir ganz selbstverständlich für dieses Buch zur Verfügung gestellt habt.

...für Euren Mut zu all den Anliegen, die so wertvoll und bereichernd für uns alle sind.

...für Eure Bereitschaft, ehrlich auf Euch selbst zu schauen.

...für Euer tiefes Verständnis, das ihr durch all die Aufstellungen entwickelt habt.

Lieber Uli,

vielen Dank für Deine intuitive und klare Begleitung!
Dein Mitwirken ist eine wahre Bereicherung für unsere Aufstellungen!

I.

Meine kleine heile Welt

Ich habe mir schon als kleines Mädchen eine „richtige" Familie gewünscht. Vater, Mutter, Kind. Ein glückliches Miteinander in einem geborgenen Zuhause.
Das war mein Idealbild von einer *richtigen* Familie.

So wie wir damals zu Hause lebten, das war für mich kein „echtes" Familienleben.

Die Eltern waren bereits geschieden, da war ich noch ein Kleinkind. Ich lebte bei der Mutter und verbrachte viel Zeit bei den Großeltern. Den Vater besuchte ich nur widerwillig alle zwei Wochen am Wochenende. Unser Zusammensein hat sich für mich nicht wie „Familie" angefühlt.

Als Kind hatte ich schon eine Vorstellung davon, wie ein gutes Leben für mich später aussehen sollte. In Gedanken erschuf ich mir bereits meine kleine heile Welt als Ehefrau, Mutter und Vollzeithausfrau.

Ich wollte es besser machen als meine Eltern. Ich wollte eine gute Ehe führen, für meine Kinder eine liebevolle und liebenswerte Mama sein und dazu ein warmes, geborgenes und ordentliches Nest beheimaten. Ich wollte all das verwirklichen, was ich als Kind zu Hause nicht gehabt hatte.

Meine kindliche Vorstellung von damals war zum Leitbild für mein späteres Leben geworden. Ich wollte heiraten, Kinder kriegen, eine Familie haben, getreu dem alten Werbe-Slogan:
Wenn ich groß bin, will ich auch mal Spießer werden.

Mit meinem Mann konnte ich mir all das vorstellen.
Wir haben geheiratet und zwei Kinder bekommen.

In einem Reihenhaus mit kleinem Garten schien sich mein Kindheitstraum zu erfüllen.

Auf dem Boden der Tatsachen

Es fiel mir nicht schwer, für meine Familie den Job aufzugeben, den ich als Jugendliche nicht aus Berufung erlernt, sondern des Geldes wegen mir ausgesucht hatte, um möglichst schnell meiner Herkunftsfamilie entkommen zu können.

Mit den Kindern habe ich mich voll und ganz in meine Rolle als Familienmanagerin gestürzt.

Ich bin zur Vollblut-Mama geworden. Viele Jahre habe ich gekocht und geputzt. Für meinen Mann wollte ich DIE Frau an seiner Seite sein, die ihm all seine Wünsche und Vorstellungen an eine Frau erfüllt.

Mein Leben war gefüllt mit meinem Dasein als Mutter, Hausfrau und Ehefrau. Ich war stets für Mann und Kinder und das Wohl der Familie da.

Meine Unzufriedenheit habe ich daran festgemacht, dass ich nicht gut genug war.

Ich habe den Haushalt optimiert und an mir gearbeitet, um Mann und Kindern eine bessere Ehefrau und Mutter zu sein. Wenn ich mich nur genug anstrengte, dann würde es besser werden.

In meinem Umfeld kam das gut an.
Wie gut es den Kindern ging, dass ihre Mama immer da war. Wie schön, wenn man sich als Geschäftsmann auf seinen Job konzentrieren konnte und die Hemden stets gebügelt im Schrank griffbereit waren. Außerdem war es immer so ordentlich aufgeräumt und die Marmelade war auch noch selbstgemacht.

Nach außen schienen wir der Inbegriff einer Bilderbuchfamilie zu sein.

Diese für mich damals so wichtige Bestätigung von außen hat mich eine Weile aufrechterhalten. Sie versicherte mir, dass ich es geschafft hatte, mein Wunschbild aus Kindheitstagen zu verwirklichen. Innerlich war ich dennoch unzufrieden.

Ich versuchte, den schalen Beigeschmack in meinem Leben mit noch mehr Engagement und Aktivismus zu unterdrücken.

Ich habe oft überlegt wieder arbeiten zu gehen; ich konnte ja nicht einfach nur zu Hause sein. Obwohl mir nie langweilig war, begann ich mich zu rechtfertigen, warum ich „nur" Mutter und Hausfrau war.

Mein Mann war geschäftlich oft verreist, ich mit den Kindern viel alleine. Meine Messlatte als Familienmanagerin hatte ich hoch angesetzt. Alles selbst kochen und immer frisch, am besten noch aus dem eigenen Garten. Beide Kinder hatten mit Nahrungsmitteln und Neurodermitis Schwierigkeiten, sodass ich stets auf der Suche nach Alternativen war. Das Dauer-Abo beim Heilpraktiker gehörte zum Standardprogramm.

Unser Haus sollte blinken und glänzen. Hatte ich eine neue Gestaltungsidee umgesetzt, plante ich bis spät in die Nacht die Nächste. Die Geburtstage der Kinder waren perfekt durchdachte Feste und auch für ihre Geschenke hatte ich keinen Aufwand gescheut. Ich konnte wochenlang daran basteln um am Ende meinen eigenen Ansprüchen doch nicht gerecht zu werden. Die nicht enden wollenden Nächte des Schlafmangels durch die Kinder gaben mir den Rest.

Ich rieb mich auf an meinen eigenen Vorstellungen von meiner perfekten Rolle als Hausfrau und Mutter. Ich zermürbte an meinem inneren Bild von einer „Heilen-Welt-Familie".

Allen wollte ich es recht machen.

Mann und Kinder empfand ich als undankbar. Es schien keinen zu stören, dass ich chronisch müde und am Rande meiner Kräfte war. Es war irgendwie normal so. Wenn ich genervt war, erntete ich nur Unverständnis. Mein Mann tat das dann als weiblichen Hormonschub ab.

Nach außen lächelte ich wie gewohnt weiter.

Doch innerlich war ich frustriert. Ich führte doch das Leben, das ich mir schon von klein auf immer so gewünscht hatte. Und jetzt musste ich feststellen: Das Leben, von dem ich *dachte*, dass es mich erfüllt und glücklich macht, stimmte mich mehr und mehr unzufrieden.

Woher kam diese Unzufriedenheit? Was lief falsch? Was fehlte?

Wo bin ich geblieben?

Was fehlte, das war ICH.

Bei all dem, was ich in meinem Alltag lebte, ging es nie um MICH. Es ging um Kinder, Mann und Haushalt, und viele andere,

nur um MICH ging es nie.

Es war schon richtig, dass ich „nur" Hausfrau, Ehefrau und Mutter war, denn wo war ICH geblieben?

Wo war ich FÜR MICH da?

Ich wusste über alle anderen Bescheid, nur über mich wusste ich nichts.

Fragte mich jemand, wie es mir ging, erzählte ich von den Kindern und wo mein Mann gerade unterwegs war. Über mich gab es nichts zu erzählen. Hätte jemand genauer nachgehakt, ich hätte auch gar nicht gewusst, was ich über mich sagen sollte. Da war nichts. Leere.

In meinem Leben gab es nichts von mir.
In meinem Leben gab es für mich nur die Kinder, den Mann und den Haushalt.

Später habe ich erkannt, dass ich auch nur die Vorlieben von anderen kenne und doch war das mehr als ich über mich selbst wusste. Ich kochte das, was den Kindern schmeckte. Ich ging mit ihnen ins Freibad, weil *sie* das toll fanden. Wenn es um Kleidung für mich ging, fragte ich meinen Mann, was *er* gut fand.

Mein Fokus lag bei allen anderen, nur bei mir nicht.

Ich wusste gar nicht, was ich eigentlich will.

Was tut MIR gut?

Was brauche ICH?

Was fehlt MIR?

Wie sieht es in MIR aus?

Wie geht es MIR?

Ich habe gemerkt, wie wenig ich von mir selbst weiß.

Meine ernüchternde Erkenntnis war:

> Ich hatte mich selbst übersehen und vergessen.

Ich hatte nicht gemerkt, dass es außer den anderen auch noch MICH gibt.

Dass ICH auch wichtig bin.

Dass MEIN Leben nicht nur aus den anderen besteht.

Wo geht es in MEINEM Leben um MICH?

Ich habe angefangen mir Fragen zu stellen.
Obwohl ich selten eine direkte Antwort gefunden habe oder Lösungen, die alles im Handumdrehen verändert hätten, - im Nachhinein stelle ich fest, wie wichtig es war, dass ich überhaupt erstmals angefangen habe, mich mit MIR zu beschäftigen.

Viele meiner Fragen waren und sind zu umfassend, als dass sie mit einer einzigen schnellen Antwort abgehandelt werden können.

Die Aufstellungen geben mir Klarheit in den Themen, die zu vielschichtig und verstrickt sind, als dass ich eine eigene Lösung dafür finden könnte.

Heute weiß ich, dass der Schutzmantel der eigenen Psyche und die *ver-rückte* Wahrnehmung aus vergangenen Ereignissen heraus mit all ihren daraus entstandenen

Glaubenssätzen

Verhaltensmuster

Denkweisen

Gewohnheiten und

Programmierungen

dafür sorgt, dass keine klare Sicht auf die eigene Thematik möglich ist.

Durch mein Interesse an mir selbst und meinem Leben hat ein Wandel stattgefunden. In meinem Denken, Handeln und Fühlen. In meinem Verständnis für mich und für mein Umfeld.

Ich habe begonnen, mir und meinem Leben Beachtung zu schenken.

Wie gehe ich mit mir selbst und mit anderen um?

Wie begegne ich den großen und kleinen „Dramen" in meinem Alltag?

Wie geht es mir dabei? Welche Gefühle kommen in mir auf?

Habe ich solche oder ähnliche Situationen / Gefühle schon einmal erlebt?

Alte Glaubenssätze aus der Familie haben sich in mir aufgetan, die einerseits MEINE Möglichkeiten von vornherein begrenzten. („Das kannst du nicht.")

Andererseits resultierten daraus Zwänge, die ich lebte, obwohl sie nicht zu mir passten. („Vor Weihnachten müssen die Fenster geputzt sein.")

Verbote, die mich heute noch klein hielten. („Noch ein Ton und du fängst gleich eine Ohrfeige.")

Verhaltensmuster, die ich mir zu Hause abgeschaut hatte (z.B. beleidigt sein) und solche, die ich mir als Kind angeeignet habe um so gut wie möglich im vorhandenen Familiensystem zurecht zu kommen(Lügen beispielsweise).

Ich habe diese und andere ausgediente innere Programme hinterfragt, die heute noch in mein Leben wirken, obwohl sie längst ihre Gültigkeit verloren haben.

Gehört das wirklich zu mir?

Woher habe ich das?

Bin das ich?

Will ich das?

Die Frage „Wer bin ich?" erschien mir zunächst sehr abstrakt. Damit konnte ich nichts anfangen. Mir ist es leichter gefallen, herauszufinden, wer ich *nicht* bin.

Die Frage „Wer bin ich?" beinhaltet außerdem Möglichkeiten, die ich noch gar nicht kenne oder greifen kann, weil mir das alte innere Betriebssystem das noch nicht erlaubt, aufgrund all seiner vorhandenen Programmierungen, Glaubenssätzen, Verhaltensmustern und Gewohnheiten. Sozusagen ein alter gesetzter psychischer Spamfilter, der alles was unbekannt und damit *gefährlich* sein könnte, schon mal von vornherein aussortiert.

Erst nachdem ich die verschiedenen Bestandteile meines alten Systems bewusst erkenne und aussortiere, entsteht nach und nach freier Speicherplatz für MEINE Möglichkeiten.
Für MEIN Programm.

Ich habe im Laufe der Zeit gemerkt, dass mich meine Arbeit nicht glücklich gemacht hat. Mit dem Job habe ich zwar mein Geld verdient, allerdings war es nicht das, was mich erfüllte.

Ich habe eine Ausbildung im Büro gemacht, weil das in der Familie so üblich war. Dass ich heute ein Buch schreibe, - auf die Idee bin ich viele Jahre nicht gekommen. Allein der Gedanke daran war ausgeschlossen, geradezu verboten. Brotlose Kunst, kein festes Einkommen, so etwas gab es in *meiner* Familie nicht. In deren Augen war Schriftsteller kein „richtiger" Beruf, weswegen ich diese Möglichkeit von selbst lange nicht in Erwägung gezogen habe.

Wer bin ich?

Meine Rolle als Mutter und Hausfrau machte mich in der Familie unentbehrlich und stellte den einzigen Sinn in meinem damaligen Leben dar. Mein ganzes Dasein war auf die Familie ausgerichtet.

Ich habe mich gefragt:

Wer bin ich denn ohne Mann und Kinder?

Diese Frage habe ich einige Zeit erst gar nicht zu Ende gedacht, aus Angst, dass als Antwort herauskommen könnte:

Ich muss mich trennen.

Schließlich wollte ich nicht ohne Mann und Kinder sein.

Erst nach einiger Zeit habe ich erkannt, dass es nicht um Trennung geht, sondern darum wer ICH bin.

Zu MIR zu kommen

heißt nicht

von den anderen weggehen zu müssen.

Das war lange Zeit ein großer Denkfehler von mir gewesen!

Mein Interesse an mir war geweckt. Wer bin ICH?

Ich, die ich meine ganz eigene Individualität mit ins Leben gebracht habe, mit all meinen Fähigkeiten und Neigungen.

Ich, die ich geprägt wurde von den Eltern und anderen Bezugspersonen. Welche Farbe hatte meine Seele, bevor deren Einfluss auf mich abgefärbt hat?

Wer ist dieser Teil in mir und vor allem, wo ist er geblieben?

Wer bin ich, wenn ich nicht Hausfrau, Partnerin und Mutter bin? Was bleibt da noch übrig? Wer bin ich ohne eine Rolle?

Es war schockierend für mich: Denn da war nichts!
So sehr ich auch überlegte, mir fiel nichts ein.

Ohne die Familie und den Haushalt war ich nichts!

Eine traurige Bilanz!

Ich musste mir eingestehen: Ich weiß nicht, wer ich bin.

In der Tiefe bin ich mir fremd.

MEIN erstes Ergebnis

Nach all den jahrelangen Anstrengungen für andere musste ich feststellen:

Es war bequemer mich hinter Mann, Haushalt und Kindern zu verstecken, als mich mit mir selbst auseinanderzusetzen.

Es war einfacher für mich gewesen, deren Wünsche von den Augen abzulesen als mich auf die Suche nach meinen eigenen vergrabenen Bedürfnissen zu machen.

Es war leichter, die anderen als undankbar abzustempeln, als mir meine eigene überzogene Messlatte einzugestehen und zu hinterfragen.

Es schien besser zu sein, deren Leben zu leben, damit mein eigenes Leben einen Sinn bekommt.

Damit mein Leben eine Berechtigung bekommt
– *meine Daseinsberechtigung.*

So war ich dauerbeschäftigt und immer abgelenkt – von mir selbst.

Wieder ins Gefühl kommen

Das Gefühl versteht, was der Verstand nicht begreift.
Bonaventura

Auf der Suche nach Antworten und vor allem nach mir selbst reiste ich in meine Vergangenheit zurück.

Vom Verstand her konnte ich mit jedem über meine Kindheitsgeschichte sprechen.

Völlig gelassen erzählte ich anderen von der Scheidung der Eltern nachdem ich als gewünschtes Ehe-Rettungs-Kind bei ihnen versagt hatte.

All das ging mir so emotionslos über die Lippen als hätte ich gerade in einem Café einen Cappuccino bestellt. Man hätte glatt meinen können, dass ich diesen Teil meiner Biographie inzwischen locker weggesteckt hatte. Vielleicht habe ich das ja auch selbst eine Weile geglaubt.

Durch die Aufstellungen bin ich ins Gefühl gekommen. Ich habe *gespürt*, welch tiefen Schmerz dieser wunde Punkt heute noch in mir auslöst und vor allem wie vielschichtig die Auswirkungen noch in meinem heutigen Leben sind.

So sind längst verschüttete und vergrabene Emotionen in mir wieder ans Tageslicht geholt worden. Auch wenn die Inhalte oft traurig und schmerzlich waren, endlich hatte mal einer gesagt, wie es war.

Die ausgesprochenen Wahrheiten in den Aufstellungen sind erleichternd für mich. Es wirkt auf mich manchmal so, als ob der jahrzehntelang angestaute Druck einem inneren Ballon entweichen würde.

Die bisher nicht bewussten Zusammenhänge über meine früheren Situationen aus der Kindheit und mein heutiges Leben als Erwachsene werden klarer.

Ich spüre Gefühle in mir.

Wut, die ich als Kind nie aufkommen lassen durfte.

Schmerz, den ich unterdrückt habe um nicht zeigen zu müssen, wie sehr er mich verletzt hat.

Hass, den ich nur in einer geschützten Gruppe zum Ausdruck bringen konnte.

Angst, die mich lähmte.

Ohnmacht, die mich erstarren ließ.

Einen Kloß gefüllt voll Traurigkeit.

Erst durch die begleiteten Aufstellungen ist es mir möglich, diese Gefühle in mir zu *erlauben* und zu *benennen*. Ich erkenne immer mehr deren Tiefe und Tragweite in meinem Leben.

Bei all den weniger schönen Emotionen habe ich zudem auch neues, bisher unbekanntes Terrain betreten und kennengelernt.

Wärme, Vertrauen, Wohlwollen, Milde, Freude.

All diese bisher für mich leeren Begriffe haben angefangen, sich mit Inhalt zu füllen.

Wunderschöne Gefühle sind in mir eingezogen, deren sanfte Zartheit ich bisher nicht gekannt hatte.

Milde - Ich wußte zwar früher, dass dieses Wort für etwas Weiches und Wohlwollendes steht. Doch ich kann erst jetzt immer mehr dieses subtile Gefühl von Milde in mir *spüren*.

Andere Begriffe füllen sich mit neuem, zu mir passendem Inhalt.

Freude – Unter Freude habe ich viele Jahre verstanden, anderen eine Freude zu bereiten. Das mache ich auch heute noch gerne.

Doch für mich war Freude früher nur so definiert,

dass andere sich freuen.

Ich wußte nicht, was Freude *für mich* bedeutet,

was *mir* Freude bereitet

und wie sich echte Freude *anfühlt*.

Mir war nie bewusst gewesen, dass mir Wärme fehlte, weil ich das von zu Hause gar nicht kannte. Geborgenheit. Erst nach und nach hat sich mein inneres Defizit offenbart.

„Mein" Minus, das oft nur ein Stempel ist, den andere mir aufgedrückt haben, weil sie selbst nichts anderes erlebt haben. Ein Minus, das nur das Plus verdeckt, das immer schon in mir da war.

Egal, ob es mein eigenes Anliegen ist oder ich als Stellvertreterin für andere Seminarteilnehmer in Resonanz gehe:

Jede Aufstellung ist wirkungsvoll und erkenntnisreich für mich.

Jedes Mal komme ich mir einen Schritt näher.

Jedes Mal spüre ich MICH mehr.

II.

Meine Daseinsberechtigung

Ich hatte als Kind immer wieder das Gefühl, dass ich nicht richtig bin. Ich war in meiner Familie irgendwie falsch und kam mir fehl am Platz vor. Es war, als hätte ich von Anfang an den Stempel „falsch" aufgedrückt bekommen zu haben.

Die Ehe meiner Eltern lief nicht gut. Streit und Gewalt, verbal wie körperlich, waren keine Seltenheit.

Ein Kind sollte die marode Ehe retten.

Ich denke, dass den Eltern schon während der Schwangerschaft klar geworden ist, dass dieses Märchen kein Happy End haben würde. Man musste kein Psychotherapeut sein um erkennen zu können, dass Mutter wie Vater, jeder mit sich und dann auch noch als Paar untereinander, so beschäftigt waren mit ihrem eigenen inneren Chaos, dass emotional für ein Kind keine Kapazitäten da war.

Wäre bei meiner Geburt ein Retouren-Aufkleber für die kostenlose Rücksendung dabei gewesen, meine Eltern hätten mich vermutlich zurückgeschickt.

Der Ehe-Rettungs-Plan ging jedenfalls, welch Wunder, nicht auf. Mit mir wurde es nicht besser.

Im Gegenteil. Als ich vier Jahre alt war, waren die Eltern rechtskräftig geschieden. Ich kann mich an keinen Alltag als Familie erinnern. Ein gemeinsames Essen oder ähnliches. Ich weiß, dass ich mir als Kind immer eine „echte" Familie gewünscht habe. Vater, Mutter, Kind – mein Lieblingsspiel im Kindergarten, mein Traum fürs wahre Leben.

Das Zusammenleben mit der Mutter war schwierig für mich gewesen. Ich war das übrig gebliebene Anhängsel eines längst ungültigen Plans.

Ein Überbleibsel, das keiner mehr brauchte.

Was bei mir bereits früh hängengeblieben ist, war:

Ich bin schuld.

Ich hatte es nicht geschafft, die Ehe der Eltern zu retten.

Ich habe versagt.

Den Unmut der Mutter über mein Dasein bekam ich deutlich zu spüren. Mal offenkundig, mal unterschwellig hat sie mir zu verstehen gegeben, dass ich ihr Leben versaut habe und sie mich gerade noch gebraucht hat. „Wegen dir..." war die Pauschalbegründung für alles, was im Leben der Mutter schlecht lief.

Die Launen der Mutter bestimmten ihren und meinen Alltag. Ich habe mich so angepasst, wie ich am besten irgendwie durchkomme. Stets darauf bedacht, der unberechenbaren Wut der Mutter, die sie in mich hineingeprügelt hatte, aus dem Weg zu gehen.

Mein Dasein war für sie eine Last. Ich hatte *meinen* Auftrag nicht erfüllt. Ich war emotional gekündigt wegen Erfolgslosigkeit. So schnell war meine Karriere als Kind vorbei.

Also habe ich mich anderweitig nützlich gemacht und nach der Schule für Ordnung gesorgt bis die Mutter von der Arbeit nach Hause kam. In der Hoffnung, der Mutter Teile der ungeliebten Hausarbeit abzunehmen und so für bessere Stimmung zu Hause sorgen zu können. Für irgendetwas musste ich ja gut sein.

Vielleicht war sie ja dann entlastet und hatte mehr Zeit und Raum für anderes. Vielleicht war so ja auch ein wenig für mich übrig. Vielleicht hatte sie dann auch mal Zeit für mich? Vielleicht konnte sie mich doch ein kleines bisschen lieb haben, wenn sie sah, dass ich nützlich für sie war.

Wenn es gut lief, nahm die Mutter meine Bemühungen unkommentiert hin. Wenn es schlecht lief, gab es dafür auch noch Ärger. Habe ich an anderen Tagen wiederum nicht genug gemacht, war ich in den Augen der Mutter faul und undankbar. Ich habe es irgendwie immer falsch gemacht. So sehr ich mich bemühte, es richtig zu machen, ich habe es nicht geschafft.

So habe ich mich als Kind aufgerieben daran, es der Mutter recht machen zu wollen und irgendwie doch noch an meine nachträgliche Daseinsberechtigung zu kommen.

Die Berechtigung, die mir die Tür zu all den emotionalen Privilegien als Kind geben sollte:

Gewollt, geliebt und geschützt zu sein.

Aufstellung

A., männlich, 49 Jahre, stellt folgendes Anliegen auf

„Ich negative Gedanken"

In der Aufstellung bin ich die Stellvertreterin für „Ich".

Ich fühle mich als kindlicher Anteil von A. und bin noch recht klein.

Bei der Stellvertreterin für „negative" handelt es sich um die Mutter.

Sie wirkt übermächtig und bedrohlich auf mich. Ich habe das Gefühl, mein ganzes Leben hängt von ihr ab. Ich habe Angst.

In eine Ecke zurückgezogen baue ich aus Kissen eine Mauer um mich herum auf. Ich würde mir am liebsten noch eine Decke über den Kopf ziehen.

A. erzählt von seiner Kindheit und der prügelnden Mutter.

Im Verlauf der Aufstellung wird die Mutter (=„negative") mit dem Tod ihrer Schwester konfrontiert. Der verdrängte Schmerz über Jahrzehnte kommt jetzt wieder in ihr hoch.

Ihre bisher gelebte Übermacht bricht in ihrem tiefen Schmerz zusammen.

Als kindlicher Anteil von A. frage ich mich, was die Geschichte von Mutters Schwester mit mir zu tun? Was hat das mit den Prügeln der Mutter zu tun?

Der Lösungssatz für A. lautete:

Deine Mutter hat ihren Schmerz in dich hinein geprügelt.

Als Stellvertreterin für A. überkommt mich eine Welle tiefer Traurigkeit.

Das alles hört sich wahr und stimmig an, doch ich bin so unendlich traurig.

Ich sitze immer noch in Hab-Acht-Stellung. Jedes Mal, wenn das Wort „Prügel" fällt, zucke ich innerlich zusammen. Es ist wie ein erneuter, innerer Schlag.

Im Verlauf der Aufstellung wird mir bewusst, dass meine eigene Meinung nie gezählt hat – bis heute.

Meine eigene Meinung wurde aus mir rausgeprügelt.

Noch heute habe ich unbewusst Angst, meine Meinung zu äußern, aus der tief sitzenden Furcht vor Bestrafung oder Schlägen als Reaktion. Das hatte ich bisher so in mir abgespeichert und unbewusst weitergelebt.

In der weiteren Aufstellung bin ich darauf fixiert, genau hinzuhören, was um mich herum passiert.

Dabei schlägt mein Herz immer lauter. Es dröhnt regelrecht in meinen Ohren.

Innerlich schimpfe ich mich „Sei doch leise! Ich muss doch hören, was passiert."

A. spricht zu mir. Er redet zum ersten Mal mit seinem eigenen kindlichen Anteil. In der Rolle spüre ich, wie gut mir das tut. Je länger er mit mir spricht, desto ruhiger schlägt mein Herz.

Ich kann mich langsam aus der Starre lösen und ein sanftes Lächeln breitet sich auf meinem Gesicht aus.

Ich spüre einen ersten zarten Hauch von Vertrauen in mir aufkommen.

Ein Gefühl, das neu und unbekannt für mich ist. Zart, wohlwollend und weich fühlt es sich an. Ein ganz subtiles und schönes Gefühl.

Ein positives Gefühl. Ganz anders als das Gefühl des Schmerzes über die Schläge.

Als sein eigener Anteil signalisiere ich A.:

„Ich will Vertrauen in dir finden."

Burnout im Mutterleib?

In einer anderen Aufstellung konnte ich nachfühlen, wie es mir als Ungeborenes im Mutterbauch mit dem für mich vorgesehenen Ehe-Rettungs-Plan der Eltern ergangen sein muss:

Es war kühl um mich herum. Ich fühlte mich allein. Keiner redete *mit* mir, nur *über* mich.

Ich konnte die hohe Erwartungshaltung an mich spüren - ein erdrückendes Gefühl.

Diese Aufgabe konnte ich nicht stemmen, das war mir zu viel!

Allein die Vorstellung was mich erwartete, wenn ich erst einmal geboren war, überforderte mich völlig. Dabei war mir bereits klar, dass es unmöglich war die Ehe der Eltern zu retten.

Niedergeschlagen und frustriert zog ich mich in der hintersten Ecke im Mutterbauch zusammen. Ich fühlte mich hilflos und gefangen.

Am liebsten hätte ich mich wieder umgedreht und wäre weggegangen.

Was sollte ich eigentlich hier?

Und was passierte mit mir, wenn die merken, dass ich das nicht schaffe?

Musste ich dann wieder gehen? Und wenn, wohin sollte ich dann?

Der Mutterleib wirkte bedrohlich auf mich. In aufmerksamer Habacht-Stellung und voller Ohnmacht harrte ich der Dinge, die da kommen würden. Mein Herzschlag wirkte viel zu laut für mich.

Vielleicht konnte die Nabelschnur um den Hals der letzte Ausweg sein.

So war ich bei meiner Geburt zur Stunde null schon kein unbeschriebenes Blatt mehr.

Egal, welche Euphorie als Kind und auch später in meinem Leben aufkam, ich habe meine Ideen schnell verworfen. Ich habe meine Pläne nicht in die Tat umgesetzt, weil ich immer dachte:

Ich schaff das sowieso nicht.

Das wird nix.

Ich kann das nicht.

Ich hatte noch das alte Versager-Programm in meinem Kopf.

Mir ist klar geworden: Es war nicht mein Plan gewesen die Ehe der Eltern zu retten, es war deren Plan gewesen.

Und vor allem: Nicht ich war falsch, sondern deren Plan war falsch gewesen. Kein Kind kann eine Ehe retten.

Ich hatte also gar nicht versagt.

Es war der überdimensional große Erwartungseimer, den mir die Eltern übergestülpt hatten, der mein bisheriges Leben grundlegend beeinflusst hatte.

Erwachsen und frei?

Kurz vor meinem 18. Geburtstag habe ich den Absprung von zu Hause geschafft.

Ich kann mich erinnern, dass ich im Alter von zarten 12 Jahren bereits darauf gewartet habe von zu Hause auszuziehen. In der Zeit habe ich heimlich von den Großeltern Tabletten jeglicher Art gesammelt, als Notfallplan, für den Fall, dass ich es bis dahin nicht aushalten würde und ich einen anderen schnelleren Ausstieg brauchte.

Den gefährlichen Drohungen der Mutter, mich ins Heim zu stecken, - weil ich wohl immer noch nicht genug spurte, wie sie wollte, beabsichtigte ich so schnell wie möglich aus eigener Kraft entkommen. Ich habe die Schule mit einem vorzeitigen Abschluss beendet, um eine Ausbildung zu machen, die mir das nötige Kleingeld für meinen Auszug sichern sollte. Dabei habe ich nach den bestbezahltesten Ausbildungsberufen Ausschau gehalten. Ich wollte auf so Wenig wie Möglich Unterstützung angewiesen sein.

Ich wollte frei und unabhängig sein. Damals ging es nicht darum, welcher Beruf mich erfüllt und glücklich macht, sondern welcher Job mich da rausholt und meine Existenz sichert.

Die ersten Wochen in meiner eigenen Wohnung waren traumhaft. Ich fühlte mich befreit, keiner redete mir drein. Es war so schön ruhig. Ich konnte die Türe hinter mir zu machen und war für mich.

Nach der ersten Euphorie stellte ich jedoch fest, ich wusste gar nicht so richtig, was ich mit mir anfangen sollte. Beklommene Leere machte sich in mir breit.

Ich war zwar jetzt frei, doch was machen mit meiner Freiheit? Ich hatte keine Ideen. Ich konnte damals keine Möglichkeiten für mich sehen. Also stürzte ich mich in meine Arbeit, in Beziehungen und in meinen Haushalt.

Ich wollte alles dafür tun, damit es in meiner Wohnung immer sauber, ordentlich und freundlich war. Ich wollte beweisen, dass ich nicht faul war.

Ich unternahm jegliche Anstrengung, damit eine Beziehung mit mir für den Partner so angenehm wie möglich war, damit ich bleiben konnte. Jegliche Art von Ablehnung war bedrohlich für mich und das wollte ich mit allen Mitteln vermeiden.

Ich wollte es jedem recht machen.

Richtig machen in meinem Haushalt, in den Beziehungen, in der Arbeit. Alles sollte anders und vor allem besser sein als in meiner Familie.

Auch nach meinem Auszug habe ich mich für die Besuche der Mutter weiterhin aufgerieben. Obwohl ich froh war in meinen eigenen vier Wänden zu sein, wollte ich ihr die besten Menüs in meiner perfekt dekorierten und geputzten Wohnung präsentieren.

Selbst als Erwachsene wollte ich noch erreichen, dass meine Mutter stolz auf mich als Tochter war.

Damals hatte ich noch nicht erkannt, dass es völlig aussichtslos war, an die Mutter emotional heranzukommen. Sie hatte für sich selbst nichts übrig gehabt, geschweige denn für andere.

Aus einem leeren Eimer lässt sich eben kein Wasser schöpfen. Sie war sich selbst zu viel, da konnte ich es nur falsch machen, egal wie sehr ich mich anstrengte.

Parallelen in meinem Leben

Je mehr ich in meine Kindheit eintauche, desto mehr entdecke ich die alten Programme in mir, die auch heute noch als Erwachsene in mir aktiv sind.

All meine Bemühungen, zu beweisen, dass es doch gut war, dass ICH da war, waren umsonst gewesen.

Das weiß ich erst jetzt, wo ich auf viele anstrengende Versuche in meinem Leben zurückblicke, in denen ich mich chronisch unter Beweis stellen wollte und mir so meine nachträgliche Daseinsberechtigung einzuholen *versuchte*.

Durch Jobs, Beziehungen, als Ehefrau, Hausfrau und Mutter. Keine Bestätigung von außen konnte mir das Gefühl geben, dass mein Leben sinnvoll war.

Mein Dasein war immer von der Gunst anderer abhängig gewesen. So hatte ich es als Kind erfahren. Und so empfand ich es auch heute noch.

Ich kannte nichts anderes und habe mich immer nach anderen ausgerichtet.

Ich hatte die Vorstellung übernommen, dass alle anderen richtig waren, nur ich war falsch.

Also habe ich mich verbogen und angepasst an deren Vorstellungen, um es recht zu machen, um mich nützlich zu machen, damit mein Leben auch einen Sinn hat.

Mein Blick war vollkommen nach außen gerichtet. Es stand nie zur Diskussion, was gut für mich war oder was ich wollte. Damit hätte ich auch gar nichts anfangen können, denn das kannte ich ja gar nicht.

Es hing nicht von mir ab eine Beziehung zu beenden, egal wie schlecht es lief. Die einzige Frage für mich war, ob ich bleiben kann und was ICH tun konnte, damit es besser wird. Es ging nicht um mich. Es ging immer nur um das, was andere wollen.

Egal, was nicht funktionierte, ich gab mir die Schuld. Meine Gedanken kreisten stets darum, was ich wieder falsch gemacht hatte.

Ich habe mich aufgerieben um geliebt zu werden.

> *Ich musste mich mehr bemühen,*
> *dann klappte es –*
>
> es war fast schon so etwas wie ein Mantra aus
> meiner Kindheit.

> Von klein
> auf habe ich
> gelernt:
>
> Liebe muss
> ich mir
> „verdienen".

Bei all meiner Anstrengung muss ich dennoch feststellen, dass mein „Lohn" eher spärlich ausfiel. Dennoch wirkte dieses Programm als Erwachsene weiter. Ich habe mich für Partner angestrengt. In meinen Jobs habe ich von früh bis spät Einsatz gebracht, gerne auch zusätzlich am Wochenende. Für die Familie und im Haushalt habe ich mich nützlich gemacht. Und auch da hatte ich immer wieder das Gefühl, es den anderen nicht recht zu machen. Genauso wie damals bei der Mutter.

Was ich auch machte, es war nicht gut genug. Und...

...ICH war mir nicht gut genug.

Ich habe mir keine Ruhe gegönnt, denn ich wollte nicht faul sein. Überall wollte ich zeigen, wie nützlich mein Dasein war, wie gut es war, dass ICH da war,

dass ich es wert war wegen meiner Anstrengung geliebt zu werden.

Meine Wahrheit

Vor kurzem habe ich gehört:
Mehrere Lügen ergeben noch keine Wahrheit.

Ich musste nach und nach erkennen, dass vieles von dem, was ich früher in der Familie gehört hatte, gar nicht stimmt. Aus deren eigenem Mangel heraus, nicht geliebt und minderwertig zu sein, haben sie mir ihren Stempel aufgedrückt.

In einem unserer Seminare habe ich zum ersten Mal gehört, dass mein Dasein keine Berechtigung von anderen braucht.

Mein Dasein hängt nicht von anderen ab.

Es gibt nur eine Kraft, die wollte, dass ICH da bin.
Als Seele, so wie ICH bin.

Ich habe mein Leben nicht meinen Eltern zu verdanken.
Aus irgendwelchen Gründen bin ich in diese Familie inkarniert.
Das war Teil meines Lebensplans. Für die Eltern war es deren Plan.
Hinter all dem steckt eine größere Macht als der vermeintliche Wille der Mutter, die mich als Kind ausgetragen hat.

Warum sonst gibt es immer wieder Kinder, die eine Abtreibung überleben?

Ich muss den Eltern nicht zum Dank verpflichtet sein. Meine Berechtigung für MEIN Leben habe ich bereits vor der Geburt mitbekommen, sozusagen als Freifahrtschein für mein Leben.
Die freie Fahrt für das Leben, das ICH leben soll.

Eine Kehrtwende hat in meinem Leben stattgefunden.

Ich habe erkannt, dass mein Dasein und mein Leben nicht von den Eltern und ihren Vorstellungen für mich abhängig sind.

Das einzig Richtige für mich ist, mich nach mir auszurichten.

Nach meinen Bedürfnissen.

Ich fange an, es mir recht zu machen.

Mein Augenmerk liegt mehr bei mir.

Ich spüre, wie ich so langsam auch innerlich erwachsen werde.
Das fühlt sich gut an.

Aufstellung

Mara, weiblich, 39 Jahre. Ich stelle folgendes Anliegen auf:

„Hilflosigkeit Daseinsberechtigung Wiedergutmachen Bedürfnisse ich"

Die Stellvertreterin für die „Hilflosigkeit" versteckt sich hinter einer Gardine.

„Wiedergutmachen" läuft herum und klatscht in die Hände.

„Ich" beobachtet die Situation.

Unser Begleiter Uli fragt „Wiedergutmachen", was sie da macht.

„Wiedergutmachen" erklärt, sie muss alles gut machen und loben. Sie kann nicht aufhören zu klatschen. Es ist wie ein Zwang. Sie überlegt, was sie noch machen kann. Sie könnte sich vielleicht noch mehr anstrengen, damit es gut läuft.

„Wiedergutmachen" merkt, sie will der Mutter zeigen, dass sie das, was sie macht, gut kann.

Wenn sie mit ihrem Programm aufhören würde, hätte sie nichts mehr. Dann wäre sie nichts.

Ich erkenne „Wiedergutmachen" deutlich als einen Anteil von mir.

Damals als Kind wollte ich es der Mutter recht machen. Ich habe mich angestrengt. Aus Angst vor den Schlägen der Mutter, aber auch um mir die Liebe der Mutter zu „verdienen".

Heute ist es mein zwanghaftes Programm zu Hause für Ordnung zu sorgen. Meine Gedanken kreisen immer darum, was ich noch machen muss, was ich noch vergessen habe. Ich habe das Gefühl, nie fertig zu sein. Obwohl das Haus von oben bis unten glänzt, komme ich nicht zur Ruhe.

Alle Stellvertreter scheinen Anteile von mir zu sein.

„Bedürfnisse" guckt sich um. Sie scheint etwas zu suchen.

Die „Daseinsberechtigung" will sich klein machen, damit sie keiner sieht.

„Bedürfnisse" läuft herum. Sie ist auf Wanderschaft. Die anderen Teilnehmer sind für sie nicht interessant. Sie weiß nicht so richtig wohin sie gehen soll. Sie will neugierig sein.

„Bedürfnisse" fordert mich auf, ein Stück mit ihr zu gehen. Sie ist gespannt auf die Welt, was es da alles zu entdecken gibt. Wer weiß? Vielleicht mich?
„Bedürfnisse" sagt zu mir:

„Ich bin mein Bedürfnis."

Sie bekommt Herzklopfen und bleibt stehen. Sie wiederholt den Satz mehrmals. Es klingt so ungeheuerlich für sie. Als würden sich innerlich Welten auftun. „Bedürfnisse" umarmt mich. Sie möchte mich dieses schöne Gefühl spüren lassen. Gemeinsam spüren wir diesem neuen unbekannten Empfinden nach. Es fühlt sich ein wenig wie freudige Aufbruchsstimmung an. Wir merken beide, ich brauche „Bedürfnisse" und „Bedürfnisse" braucht mich.

„Ich" und „Hilflosigkeit" kommen näher. Sie fühlen sich an dem neuen Platz gleich besser.

„Bedürfnisse" hat das Gefühl sich in mir aufzulösen.

Die „Daseinsberechtigung" und „Wiedergutmachen" fühlen sich überflüssig.

***

Ich habe festgestellt, dass das Thema meiner Daseinsberechtigung zu tief ist, um in einer einzigen Aufstellung geklärt werden zu können.

Manche Erkenntnisse sind erst im Nachgang in mir aufgetaucht, nachdem ich mir die Aufstellungen noch einmal vom Tonaufnahmegerät angehört habe.

Die Tragweite, wie sehr sich mein Ursprungstrauma auf mein gesamtes späteres Denken, Handeln und Fühlen in meinem Leben ausgewirkt hat und es teilweise heute noch tut, erkenne ich mehr und mehr.

Ich hatte früher immer wieder das Gefühl, eine *besondere* Aufgabe übernehmen zu wollen. Etwas Gutes tun zu müssen, das anderen dient. Ich wollte etwas wiedergutmachen.

Mir war nicht klar was das sein sollte, doch ich war eifrig bemüht durch *irgendeine* gute Tat *irgendetwas* wiedergutzumachen. Ich habe mich gefragt:

Was will ich heute wiedergutmachen, was ich damals nicht geschafft habe?

Ich wollte jahrzehntelang wiedergutmachen, dass ich es nicht geschafft hatte, die Ehe der Eltern zu retten.

Ich wollte erreichen, dass die Eltern stolz auf mich sind.

Ich wollte bewirken, dass sie doch noch froh sind, dass ich da bin.

Später wollte ich, dass mein Mann froh und stolz ist, dass ICH da bin.

Mir ist klar geworden, dass nicht ICH versagt habe. Das war mir nur von meinen Eltern übertragen worden.

Ich muss nichts wiedergutmachen.

Es ist auch so gut, dass ICH da bin.

Seitdem ist es ruhiger geworden - in mir und um mich herum. All der kraftraubende Aktionismus in meinem Alltag, die ständige Suche nach DER Aufgabe, um mein Dasein und meinen „verpatzten" Ehe-Rettungs-Auftrag wiedergutmachen zu wollen hat aufgehört.

Eine herrlich befreiende und wohltuende Ruhe ist in mir eingekehrt.

Ablehnung

Die Aufstellungen haben mir einen besonders wichtigen Punkt vor Augen geführt:
Die Ablehnung der Eltern.

Ich konnte den tiefen Schmerz fühlen, als mir klar wurde:

Denen ging es ja gar nicht um mich.

Die wollten mich ja gar nicht *meinetwegen*.

Ich sollte nur das Pflaster für deren Ehe sein.

Ich kam mir so benutzt vor, als Mittel zum Zweck.
Für mich war „einfach so" kein Platz vorgesehen gewesen.

Ich war nur wegen meines „Auftrags" geduldet gewesen.
Und jetzt? Was sollte ich jetzt noch hier? Wozu war mein Dasein noch gut? Was sollte jetzt der Plan sein für mein Leben nach der emotionalen Insolvenz?

Ich fühlte mich wertlos, wie eine übriggebliebene Blumenzwiebel nach der Tulpenblase, die keiner mehr haben wollte.

Von dem „Wunschkind" war nichts mehr da. Ich spürte nur noch die Ablehnung der Eltern.

Es ist ein niederschmetterndes Gefühl, erkennen zu müssen, dass mich die Eltern nicht gewollt haben.

Dieser schmerzhafte Ursprung in meinem Leben erklärte mir, warum ich mich als Kind von den Eltern nie geliebt gefühlt habe. Und auch nicht geschützt.

Zu einem späteren Zeitpunkt habe ich festgestellt, dass ich mich auch selbst abgelehnt habe für meine Unfähigkeit es nicht geschafft zu haben.

Das Gefühl abgelehnt zu sein, bekam ich noch oft schmerzlich in meinem weiteren Leben zu spüren.

Ich habe selbst nicht gemerkt, wie empfindlich ich reagiert habe und jedes „Nein" als Ablehnung meiner Person gewertet habe.

Dabei waren das oft ganz harmlose Situationen.

Wenn ich meinen Mann gefragt habe, ob er von mir ein Stück Pizza haben möchte und er dankend abgelehnt hat, habe ich mich abgelehnt gefühlt. Dabei hatte er einfach keinen Appetit und sein Nein galt nicht mir, sondern der Pizza.

Schlug ich den Kindern vor, ein Kleid für sie zu nähen und sie lehnten ab, fühlte ich mich abgelehnt. Dabei gefiel ihnen einfach der Stoff nicht oder der Schnitt oder beides. Es hatte nichts mit ihren Gefühlen für mich zu tun.

Auf solche oder ähnliche Situationen reagierte ich enttäuscht, vorwurfsvoll und wütend. Oder beleidigt. Ich kann mir mittlerweile gut vorstellen, wie belastend das für alle Beteiligten gewesen sein muss und ich habe erkannt, was sich daraus entwickelt hatte.

Die Kinder haben angefangen ausweichend zu antworten.

Mein Mann hat zu jeder Pizza ja gesagt, ob ihm danach war oder nicht.

Seit mir die Zusammenhänge bewusst geworden sind, läuft es zu Hause leichter. Für alle.

Ich kann ehrliche Antworten meiner Familienmitglieder annehmen ohne mich gekränkt oder zurückgewiesen zu fühlen. Auch wenn ich merke, dass die Kinder immer noch vorsichtig ihre Meinung mir gegenüber formulieren.

> Aus meiner tiefen Wunde des Abgelehntseins heraus habe ich – unbewusst – meine Familie *manipuliert*.

Ich habe sie dazu gebracht, so zu antworten und so zu reagieren, damit der Haussegen nicht schief hängt.

Damit sie mich nicht verletzen und meinen emotionalen Ausbruch über meine *gefühlte* Ablehnung zu spüren bekommen, der eigentlich nicht ihnen, sondern den Eltern galt.

III.

Manipulation hat zwei Seiten

Wer hat mich früher manipuliert, wer tut es heute? Wen manipuliere ich? Und warum?

Ich habe festgestellt, dass Manipulation zwei Seiten hat.

Als Kind wurde ich manipuliert, weil ich so für die Eltern leichter zu handhaben war.

Später habe ich selbst angefangen andere zu manipulieren, um das zu bekommen, was mir fehlte.

Was die Eltern konnten, das konnte ich auch. Ein Wechselspiel zwischen Eltern und Kindern und später auch in der Beziehung.

So habe ich gemerkt, es gibt nicht nur den einen, der manipuliert und den anderen, der nur manipuliert wird.

<u>Es gibt beide Seiten in einer Seele.</u>

Ich habe mich auf die Suche gemacht nach Manipulation in meinem Alltag.

Wer drückte wann welche Knöpfe bei mir, sodass ich das machte, was andere wollten?

Ich hatte mir gerade mit meinem Schreibblock ein gemütliches Plätzchen im Garten gesucht um mich mit dieser Frage auseinanderzusetzen, als meine jüngere Tochter auf mich zukam:

„Mama, kannst du nicht mit mir in den Bach gehen, weil meine Schwester will nicht. Und sonst bin ich alleine und das macht keinen Spaß" jammerte sie etwas enttäuscht vor sich hin, gerade nichts alleine mit sich anzufangen wissend.

Wäre es mir in dem Moment nicht so wichtig gewesen, mich mit meiner Frage zu beschäftigen, hätte ich alles andere stehen lassen und mich sofort meiner Tochter und ihrer Not gewidmet. Ich hätte mich ersatzweise zur Verfügung gestellt und wäre mit ihr zum Bach gegangen.

Mitten im Thema habe ich gemerkt, dass gerade wieder ein Knopf bei mir gedrückt worden war. Von meiner Tochter. Solche oder ähnliche Situationen gab es immer wieder. Wann ließ ich für die Kinder alles stehen und liegen und war sofort zur Stelle?

Es war dann, wenn die Kinder weinten oder traurig waren und wenn sie alleine waren. Solche Zustände waren für mich innerlich nur schwer auszuhalten.

Wer hatte diesen Knopf das erste Mal bei mir gedrückt, dass ich heute noch automatisch ohne nachzudenken aufsprang und sofort zur Stelle war? Denn es ging mir auch mit anderen Menschen so.

Ich musste an die Mutter denken. Als junge Erwachsene hatte ich sie oft besucht oder zu mir geholt, weil sie sonst so alleine gewesen wäre. Heute frage ich mich, was am alleine sein so schlimm ist.

Es ist das Bild, das ich von klein auf zu Hause gesehen hatte. Die alleinerziehende Mutter, die immer allein und einsam war. Ich habe bei ihr erlebt, dass allein sein langweilig ist. Es passierte nichts in ihrem Leben und selbst wusste sie nichts mit sich anzufangen.

Ich habe daraus als Kind ein falsches Denkmuster in mir erschaffen, das heute noch in mir wirkte:

Allein sein bedeutet einsam sein, Leere und Traurigkeit.

Kein Kind will die Mama traurig oder weinend sehen. Also habe ich früh angefangen, alles zu tun, damit die Mama nicht mehr traurig sein muss. Ich habe sie unterhalten, habe versucht sie glücklich zu machen. Ich wollte ihr helfen, mich um sie kümmern, damit sie nicht allein = einsam ist.

Ich habe versucht, die Leere der Mutter mit einem Teil von mir zu füllen.

Ich wollte ihr mehr-Wert in ihr Leben bringen.

Ihre Traurigkeit und Leere mit mir übertünchen, ihre Schwere mit meiner Leichtigkeit ausgleichen.

Eine Dynamik, die ich übrigens auch bei Enkeln und ihren Großeltern entdecket habe. Enkel, die sich bereitstellen, um die Leere ihrer Großeltern auszufüllen. Das was die inzwischen erwachsenen Kinder nicht geschafft haben, diese Aufgabe übernimmt jetzt der Enkel.

Doch ich habe gemerkt, das funktioniert so nicht.

Ich kann das Leben eines anderen nicht durch mich (er-)füllen.

Umgekehrt kann die fehlende Fülle in meinem Leben (=Leere) nicht durch andere aufgefüllt werden.

Meine Fülle kann nur aus mir selbst heraus kommen.

Es war der ehrgeizige, kindliche Plan eines kleinen Mädchens gewesen. Ich rette die Mutter vor ihrer Einsamkeit und vor ihrer Traurigkeit. Ich springe ein und fülle ihre Leere mit mir aus. Dann habe ich mich mal wieder nützlich gemacht und vielleicht kann sie dann wieder lächeln und glücklich sein. Vielleicht kann sie dann ja Freude an mir haben. Vielleicht hat sie mich dann ja lieb.

Mein unbewusster Manipulationsversuch als Kind, um mein lebenswichtiges Bedürfnis nach Liebe gestillt zu bekommen.
Liebe auf Knopfdruck sozusagen.

Eigentlich eine ganz clevere Idee, die beiden Seiten eine Win-Win-Situation einbringen könnte. Ich rette die Mutter, dafür bekomme ich Liebe.

Nur haben die Pläne im Kopf nichts mit den Gefühlen im Herzen zu tun. Liebe kann nun mal nicht erkauft oder erzwungen werden.

Echte Liebe kann nur gefühlt werden.
Wo auf der einen Seite keine Liebe *gefühlt* wird, da kann auch auf der anderen Seite keine Liebe *erfühlt* werden.

Gelernt ist gelernt

Mein altes Denkmuster wirkte auch in meinem späteren Leben weiter. Gelernt ist schließlich gelernt.

Als junge Erwachsene hatte ich der Mutter einmal einen teuren Wellnesstag in den Bergen zum Geburtstag geschenkt. Mit einem guten Essen und mir als Chauffeur inklusive. Es war aus meiner damaligen Sicht das beste und teuerste Geschenk das ich ihr geben konnte.

Dennoch hat sie sich darüber nicht gefreut. Die Mutter hat den Tag mehr oder weniger passiv über sich ergehen lassen. Kein Lächeln, keine Freude war ihr anzusehen. Ich konnte es damals überhaupt nicht verstehen. Ich hatte mir so viel Mühe mit dem Geschenk gemacht. Mehr ging schon fast nicht.

Erst so nach und nach erkenne ich, wieviel Anstrengung und Energie es mich über Jahrzehnte gekostet hat, die Mutter glücklich machen zu wollen. Sie zu beschäftigen und zu unterhalten, damit sie von ihrer Einsamkeit abgelenkt ist.

Mir wird nun klar, warum ich immer das Gefühl hatte, die Mutter nicht glücklich machen zu können. Erst jetzt weiß ich, diese Aufgabe war nicht zu lösen.

Letztendlich war es überhaupt nicht meine Aufgabe als Kind für das seelische Wohl der Mutter zu sorgen. Eine dauerhafte Überforderung, ein unerreichbares Ziel.

Ein Ziel, an dem ich mich aufgerieben habe, um so meinem Dasein einen Sinn zu geben und um mir doch noch einen Hauch an Liebe der Mutter erarbeiten zu können.

Eine Herausforderung, bei der ich mich fast selbst zerstört hätte.

> Den Blick stets auf die Mutter, später auf andere gerichtet,
>
> habe ich mich selbst und meine Ziele aus den Augen verloren.

Getreu meinem selbst angelegten Denkmuster wollte ich auch als Erwachsene lieber in einer Beziehung leben als alleine sein, sonst bin ich einsam.

Heute ist für mich klar, alleine zu leben heißt nicht automatisch, dass ich einsam bin. Auf der anderen Seite kann ich mich auch in einer Partnerschaft einsam fühlen. Es erscheint mir für uns alle erstrebenswert zu sein, sich nicht aus der Einsamkeit heraus in eine Partnerschaft zu begeben.

Viele Jahre bin ich für die Eltern ersatzweise eingesprungen um sie beide vor ihrer Einsamkeit zu retten.

Ich *sollte*, damit sie ihren Schmerz nicht spüren mussten und ich *wollte*, um geliebt zu werden.

Für die Mutter und für den Vater war ich jeweils der Ersatz für die nach der Trennung frei gewordene Lücke, die die innere Leere und Verlassenheit zum Vorschein brachte. Jedes Problem, das auftauchte versuchte ich zu lösen. Bei Geldsorgen spendete ich als Kind der Mutter mein Taschengeld, als Erwachsene renovierte ich dem handwerklich hilflosen Vater die Wohnung, um nur einige Beispiele zu nennen.

Es scheint nicht weiter verwunderlich zu sein, dass ich dieses Verhalten aus der Kindheit später auch bei anderen Menschen so weitergelebt habe. Wer die richtigen Knöpfe drückte, der konnte sich meines nicht ganz uneigennützig angelegten Hilfsprogramms sicher sein.

Dabei habe ich festgestellt das ich manchmal auch nur *glaubte*, dass der andere traurig oder alleine (und damit aus meiner Sicht einsam) ist oder nichts mit sich anzufangen weiß und ich bereits einsprang und etwas ausgleichen wollte, wo es nichts auszugleichen gab.

So fest verankert war dieses Programm aus Kindheitstagen in mir.

Ich habe meine eigenen Zusammenhänge erkannt, warum Menschen, die traurig sind oder einfach nur traurig aussehen, jammern, weinen oder alleine sind, meinen Bereitschaftsknopf bei mir auslösen. Bewusst oder unbewusst.

Übrigens, nachdem ich dieses Kapitel fertig geschrieben hatte, habe ich meine Tochter im Garten entdeckt.
Sie hat sich ihren Fotoapparat geschnappt und sich in einer Seelenruhe den Pflanzen und Krabbeltieren gewidmet.
Von *Not* war keine Spur zu sehen.

Manipulation als Opferhaltung

Wenn ich manipuliere bedeutet das, ich bringe jemanden dazu, etwas zu tun, was ich möchte, was mir nutzt. Das kann ein bewusst eingesetztes Mittel sein.

Es kann aber auch ein unbewusstes Programm sein, um einen alten Schmerz nicht noch einmal spüren zu müssen (meine Ablehnung von damals zum Beispiel) oder um etwas zu bekommen, was ich früher nicht erhalten habe.

Aufmerksamkeit, Liebe, in den Arm genommen werden, zuhören, gesehen werden, ... unerfüllte Bedürfnisse von damals.
Der Mangel, der heute noch in mir spürbar ist.

Wir alle haben das Bedürfnis, gewollt, geliebt und geschützt zu sein, mit all dem was dazugehört.

Was damals von den Eltern zu kurz kam, soll heute von anderen aufgefüllt werden.

Was liegt da näher, als in seinem direkten Umfeld auf die Suche zu gehen? Partner, Kinder und andere, die mich jetzt *meinetwegen* wollen, lieben und schützen sollen.

Wenn ich nun also meinen Partner beispielsweise dazu bringen möchte mich in den Arm zu nehmen, dann können Tränen ein bewährtes Hilfsmittel sein.

Auch wenn mir das damals vielleicht gar nicht so klar war, aber das ist nichts anderes als Manipulation, wenn auch aus der eigenen Not heraus.

Ich habe es an mir selbst und an anderen erlebt. Wenn der Bedarf nach Aufmerksamkeit so unstillbar groß ist, dass jede Zuwendung wie durch einen löchrigen Eimer fließt und nie genug ist, dann kommt ein Gefühl auf, benachteiligt zu sein.

Ich komme zu kurz.

Es ist nicht genug für mich da.

Der beleidigte und schmollende Rückzug macht es dann nicht besser. Im Gegenteil.

Ich habe mich damit selbst ins Abseits geschossen und ausgeschlossen gefühlt.

Irgendwann kommt dann meist einer, und fragt nach, was denn los ist. Spätestens wenn Tränen fließen, dann muss doch der andere merken, wie schlecht es mir geht und sanft auf mich eingehen.

Die darauf folgende Diskussion mit Samthandschuh-Effekt *scheint* wie Balsam für die Seele zu sein.

Aufmerksamkeit pur! Für den Moment zumindest. Im schlimmsten Fall kommen noch Drohungen dazu. Wer kann da schon widerstehen?

Im vollen Rampenlicht darf nun endlos in der eigenen Leidensgeschichte verweilt und gejammert werden. Endlich hört mir jemand zu und sieht mich. Wenn ich anderen dann schon mal prophylaktisch von meinem Leid erzähle und meine Geschichte wie ein drohendes Schutzschild vorhalte, dann kann und darf mich keiner verletzen (was leider so auch nicht funktioniert).

Ich habe mich auch gerne als klein und unfähig dargestellt. So konnte keiner etwas von mir erwarten. Neben der Aufmerksamkeit, die ich damals so dringend gebraucht habe, ist mir so auch noch anderweitige Hilfe zuteil geworden. Wie praktisch.

Wenn irgendwas nicht geklappt hat oder ich mich in einer Beziehung unfair verhalten habe, dann war es mal wieder wegen meiner blöden Kindheit gewesen.
Das musste man mir einfach nachsehen!

All das sind Opferhaltungen – das war mir viele Jahre gar nicht bewusst.

Ich hatte mich stets als Opfer *gefühlt*. Dabei hätte ich mich selbst nie als Opfer bezeichnet.

Meine unfähigen Eltern, meine verkorkste Kindheit, mein Leben schien seit jeher mit einem dicken Minus behaftet zu sein. Das war der pauschale Grund, warum es in meinem Leben nicht lief.

Ich fühlte mich chronisch benachteiligt.

Und alle anderen waren schuld daran.

Ich dachte, ich hätte ein Recht darauf, all das, was mir fehlte, jetzt nachträglich bekommen zu müssen und das bitte mit Erschwernisbonus als Sahnehäubchen obendrauf.
Sozusagen als Wiedergutmachung meiner Kindheit.

Ich lebte in einer ständigen Vorwurfshaltung.

Aus dieser trotzigen Haltung heraus haben sich schon als Kind manipulative Verhaltensweisen in mir entwickelt, die ich im Erwachsenenalter nur noch perfektionierte.

Ich möchte dabei erwähnen, dass ich mir all dessen nicht bewusst war. Es war keine fiese Masche, sondern schlicht und einfach das, was ich an Verhaltens- und Denkmustern *kannte* und *konnte*.

Eine Haltung, die ich mir aus früheren Opfer Situationen heraus angeeignet hatte.

Allerdings war ich mir nicht darüber im Klaren, dass ich so mein Leben weiterhin aus der Hand gab und von der Aufmerksamkeit und dem Mitleid anderer abhängig war.

Ich manövrierte mein Leben mit diesen Haltungsweisen in eine Sackgasse. Ohne Aussicht darauf heilsamen Frieden in mir finden und ein selbstbestimmtes Leben aus eigener Kraft und jenseits des Opferdaseins führen zu können.

Raus aus der Opferhaltung

Die heutige Klarheit über mein früheres Verhalten hilft mir mich selbst und andere Menschen mit ähnlichen Haltungen besser zu verstehen.

Ich muss dazu sagen, dass ich von selbst nie auf die Idee gekommen wäre, an meinem Verhalten etwas zu ändern. Es war mein ganz „normaler" und automatisierter Umgang mit mir und mit anderen über Jahrzehnte gewesen.

Ich kannte nichts anderes. Es war meine Art, wie ich von Kindesbeinen an durchgekommen bin. Infolgedessen konnte ich mir kein anderes Verhalten vorstellen.

Dabei bin ich keineswegs psychisch auffällig gewesen.

Außerdem waren meine „Maßnahmen" ja kurzfristig erfolgreich, auch wenn ich dennoch innerlich nie wirklich glücklich war. Irgendwie habe ich gespürt, dass es doch nur eine „erkaufte" Aufmerksamkeit war und kein echtes Interesse an mir.

Wer sich in der Thematik auskennt oder wiedererkennt, der wird nachempfinden können, wie hilflos und bedürftig es sich anfühlt, in einer chronischen Opferhaltung zu sein.

Ich war so in meiner Opferrolle gefangen gewesen, dass ich mir gar nicht vorstellen konnte, dass *mein* Leben überhaupt irgendetwas Positives beinhalten konnte.

Mein gesamtes Denken, Handeln und Fühlen war so negativ geprägt gewesen, dass ich den Sonnenschein nicht mehr genießen konnte, sondern nur noch die Wolken am Himmel wahrnahm und bereits ein mögliches Gewitter aufziehen sah.

Ich konnte dem Frieden nicht trauen.

Weder am Himmel, noch in mir selbst.

Es glich mehr einer gefährlichen Ruhe vor dem Sturm, der jeden Moment mit seiner zerstörerischen Macht über mich hinweg fegen konnte.

Eine erste sehr wichtige Erkenntnis für mich war, dass ich tatsächlich ein Opfer gewesen bin.

Und dass ich mich heute auch noch als solches benahm mit all meinen Verhaltensweisen, damals als Kind und in der Folge als Erwachsene.

Mir ist klar geworden, dass ich mir durch die Opfer-Brille den Blick auf mein freies gesundes Ich versperrt hatte.

Je mehr ich mein Opfersein bestätigte durch mein Verhalten, umso tiefer prägten sich die Kerben in meinem Leben ein und bekräftigten aufs Neue das, was ich fühlte: Ich bin ein Opfer.

Jede Bestätigung meines inneren Defizits hatte den Blick auf mein Plus in mir weiter verschüttet.

Ich wäre nie auf die Idee gekommen, dass mein Leben auch ein Plus in mir und *für mich* vorgesehen haben könnte!

Spätere Aufstellungen haben mir auch deutlich gemacht, wie anstrengend und fordernd es sich für andere anfühlt mit mir als manipulierendem Opfer.

Auch wenn ich noch nicht wusste, wie ich künftig sein wollte, so war nach einigen intensiven Aufstellungen für mich doch klar:

Ein Opfer wollte ich nicht weiter sein.

Ich war und bin heute nicht mehr so hilflos wie damals.

Dieses Verhalten passte einfach nicht mehr zu mir.

Durch die Erkenntnisse aus den verschiedenen Anliegen hat meine eigene Kraft zugenommen.

Diese neue Stärke in mir hat nach und nach die Negativität in mir heilsam gelöscht und neue Perspektiven eröffnet.

Ich betrachte mein Leben und das Leben generell aus einem anderen Blickwinkel heraus.

Ich kann inzwischen die zarten Sonnenstrahlen genießen.

Ich spüre, dass die Sonne des Lebens auch für mich scheint.

Regentropfen gehören auch dazu.
Sonst könnte meine Seele keine ertragreichen Erkenntnise hervorbringen.

Ich fürchte kein Gewitter mehr, denn ich lerne mit den verschiedenen Wetterlagen in mir umzugehen.

Wenn ich mich jetzt mit jemandem unterhalte, stelle ich fest: Mir wird auch so zugehört, meinetwegen.

Ich will nicht mehr unter dem Teppich auf andere zugehen um einen erbettelten Krümel an Aufmerksamkeit zu erhaschen.

Ich kann mir selbst inzwischen einen ganzen Kuchen voll Aufmerksamkeit schenken.

<u>Ich bin nicht mehr auf andere angewiesen oder von der Aufmerksamkeit anderer abhängig.</u>

Ich muss nicht mehr auf mich aufmerksam machen, denn ich bin auf mich aufmerksam geworden.

Ich bin auf mein Leben aufmerksam geworden.
Auf die vergangenen Inhalte und auf die Möglichkeiten, die noch für mich bereit stehen.

Es ist, wie wenn man sich nach einem bestimmten Buch im Buchladen umsieht und bei all der Suche auf andere spannende Literatur trifft, sodass man bereits dort das halbe Buch verschlingt und mit einem Lächeln und der neuerworbene Lektüre den Laden verlässt ohne überhaupt noch an das ursprünglich gesuchte Buch zu denken.

Ich habe Verhaltensweisen von Opfern erlebt und selbst gelebt. So hatte auch mein Ausstieg aus dem Opferdasein eine doppelte Bedeutung für mich.

Ich wollte selbst nicht mehr als Opfer da sein und ich wollte nicht mehr für Opfer und deren manipulative Haltungen zur Verfügung stehen.

Ich habe erkannt, dass ich nur *für mich* und *in mir* Dinge klären und heilen kann.

Kein anderer kann mir das abnehmen.

Es geht nicht darum die Beziehung zu meinen Eltern oder anderen zu klären oder zu heilen.

Es geht um MICH. Um MEINE Heilung.

Mein Blick verändert sich

Ich habe inzwischen einige Aufstellungen begleitet. Durch die verschiedenen Rollen als Stellvertreterin konnte ich die unterschiedlichen Gefühle von Menschen kennenlernen und meine Erkenntnisse daraus ziehen.

Ich habe erfahren, wie es sich anfühlt eine dominante Großmutter zu sein, deren Kontrolle und Macht einen ganzen Familienverband über Generationen beherrscht.

Ich habe die Hilflosigkeit und Starre von Müttern erlebt, die zwischen vorgegebenen Traditionen und eigenem emotionalen Mangel aus der Kindheit heraus für ihre Kinder wie eine kraftlose körperliche Hülle funktionieren.

Ich konnte Kindern nachfühlen, die sich ungesehen, unverstanden und ungeliebt fühlen und keine andere Wahl haben als sich selbst aufzugeben um in ihrem System emotional überleben zu können.

Oft habe ich mich dabei selbst wiedererkannt.

Alte verschüttete Gefühle und Anteile, die ich so an mir nicht wahrhaben wollte, kamen zum Vorschein.

Ich musste erkennen, dass ich nicht nur Opfer gewesen war, sondern dass ich auch Täterverhalten entwickelt hatte. Aus Unwissenheit und aus meinem eigenen Opfersein heraus.

Ich möchte an der Stelle noch ein paar Worte zum Begriff „Täter" anbringen.

Ein „Täter" ist nicht nur ein Vergewaltiger und Mörder.

Ein „Täter" kann auch eine Mutter sein, die ihrem Kind den Körperkontakt oder die emotionale Nähe nicht geben kann, die jedes Kind in seiner frühen Entwicklungsphase existentiell braucht.

Dabei kann eine Täterschaft nicht nur direkt, bewusst und systematisch ausgeübt werden, sondern auch indirekt, unbewusst und versehentlich, indem ich aus meiner eigenen Trauma-Biographie heraus niemanden bewusst traumatisieren will, mein Verhalten jedoch genau das bewirkt.

(mehr dazu siehe im Buch „Wer bin Ich in einer traumatisierten Gesellschaft?" von Prof. Dr. Franz Ruppert)

Ich konnte sehen, dass es nicht nur *das* Opfer oder *den* Täter gibt.

Es gibt beides in einer Seele vereint.

Ich habe ein umfassendes Verständnis für alle Beteiligten bekommen. Für Opfer wie Täter, die selbst Opfer eines Täters geworden sind. Für mich. Und für meine Eltern.

Hierbei möchte ich keine Täterschaft entschuldigen; es geht mir rein um das Verstehen der Ursächlichkeit.

„Opfer" und „Täter" können nicht nur in schwarz oder weiß eingestuft werden, weil beide Begriffe so eng beieinander liegen, wenn beide Anteile in einer Person vereint sind.

Ich sehe die Eltern nicht mehr auf einem Thron über mir, seit ich erkannt habe, dass sie auch nur Menschen sind wie du und ich.

Opfer ihrer eigenen Umstände mit ihren Eltern
und Täter aus ihrem eigenen unbewältigten Leid heraus.

Die Begriffe „Opfer" und „Täter" haben ihre Gewichtung verloren.

Aufstellung

A., weiblich, 44 Jahre, stellt ihr Anliegen auf.

„Ich Wert"

In der Aufstellung bin ich Stellvertreterin für das Wort „Wert".

Die Stellvertreterin für „Ich" will sich am liebsten vor mir verstecken, doch ich laufe ihr hinterher.

Es scheint so, dass ich als „Wert" für die Mama stehe.

„Ich" steht für A., die Teilnehmerin des Anliegens, die Tochter.

Als Mama fühle ich mich dominant und gebe ganz klar den Ton an. Ich sage meiner Tochter, wie es gemacht wird. Da kann sie sich verstecken wie sie will. Ich fühle mich übermächtig. Dabei muss ich nicht viel sagen oder machen.

Es fühlt sich wie Kontrolle an. Mir entkommt die Tochter nicht. Ein Blick reicht aus und sie weiß, was ich von ihr will.

Als Mama fühle ich nur Härte und Verbitterung in mir.

Die Mutter der Mama, die Oma kommt in der Aufstellung dazu.

Als Mama wird mir eiskalt. Die Oma (meine Mutter) läuft mir genauso hinterher wie ich der Tochter zuvor. Ich laufe vor ihr weg.

Die Oma fühlt sich stark und dominant. Doch sie muss ihre Dominanz nicht weiter zum Ausdruck bringen, es läuft auch so, wie sie es gerne hätte.

Wo kommt die Härte her, die da weitergegeben wurde?

A. erzählt von ihrer Kindheit. Sie hat die Oma immer als weich und herzlich empfunden.

So ganz anders, als sie sie jetzt in der Aufstellung erlebt.

Der Tochter geht es besser seit die Oma da ist, weil die Mama damit kleiner und weniger gefährlich für sie ist. Sie muss dann keine Angst mehr vor ihr haben. Die Mama versteckt sich jetzt selbst vor ihrer Mutter.

Die Oma wird weicher, wenn die Enkelin spricht. Zu ihr scheint sie einen liebevolleren Bezug gehabt zu haben.

Wieso war zu ihrer eigenen Tochter keine Liebe da?

Es stellt sich heraus, dass die Mama nicht gewollt war. Die Oma sagt: Es ist halt passiert nach dem Krieg. Du bist passiert.

A. spürt, wie sie schwach wird und ihre Beine zittern.

Mich als Mama schockiert der Satz nicht. Ich bin innerlich so abgestumpft. Mich erschüttert nichts mehr.

Ich habe das Gefühl, mit mir ist was nicht richtig. Mit mir stimmt was nicht.

Alle anderen haben den Eindruck, dass die Mutter (Oma) herzlich ist, dabei erlebe ich die Mutter gar nicht so.

Wenn alle anderen die Mutter als herzlich wahrnehmen, nur ich nicht, dann scheint mit mir etwas nicht zu stimmen.

Die Oma wird schwach als sie hört, dass mit mir etwas nicht stimmt.

Die Mama hat das *Gefühl* und so ist sie aufgewachsen:

An mir ist was nicht richtig.

Sie *glaubt*, mit ihr stimmt was nicht, weil sie als Kind nicht gewollt war.

Ich habe den Eindruck in eine falsche Welt reingeboren zu sein. Als ob ich hier nicht hergehören würde. Ich bin hier nicht richtig. Ich komme mir vor wie eine Aussätzige. Alle scheinen richtig zu sein nur ich nicht.

Der Oma wird zum ersten Mal bewusst, was hier passiert ist. Sie spürt eine ambivalente Verbindung zur eigenen Tochter. Kälte zieht ihr über den Rücken.

Ich als Mama habe kein Gefühl mehr, was richtig und was falsch ist.

Ich nehme die tiefe Verletzung durch die Mutter war und die Traurigkeit, die sich in mir ausbreitet.

Wärme oder Liebe könnte ich von ihr gar nicht annehmen. Dafür ist zu viel passiert. Dafür bin ich zu verletzt.

Als Mama in der Aufstellung („Wert"), stelle ich fest, dass ich Liebe und Wärme gar nicht kenne. Wärme und Liebe sind mir fremd.

Die Mutter (Oma) merkt, dass sie zu sich selber gar keine Verbindung hat.
Wie soll sie da eine Verbindung zur Tochter haben?

„Ich", stellvertretend für A., bekommt Mitgefühl für ihre Mama. Sie betrachtet sie jetzt aus einem anderen, neuen Blickwinkel heraus.

Ich als Mama höre zum ersten Mal, dass jemand mit mir fühlt. So viel Aufmerksamkeit bin ich gar nicht gewohnt.

A. erzählt, dass in der Familie nicht gesprochen wird. Jeder hat seine Aufgaben zu erledigen und zu funktionieren.

In dieser Familie muss jeder funktionieren.

Mich als Mama macht es total traurig, wenn meine Tochter A. das sagt.

Irgendwie habe ich gehofft, dass sie es schafft aus diesem Rad auszusteigen.

Wenn ich es schon nicht kann, dann wenigstens sie.

A. wendet sich an die Mama und die Oma und sagt:

Ich will nicht mehr funktionieren wie ihr.

Ich steige aus.

In mir als Mama schreit alles: Ja, mach das! Steig endlich aus. Sieh zu, dass du wenigstens rauskommst. Ich fühle mich in dem System so gefangen, dass ich es nicht schaffe.

Aber mach du, dass du rauskommst. Wenn ich könnte, ich würde es auch so machen.

In meiner Rolle als Mama kenne ich die Option nicht, dass ich auch aussteigen könnte.

A. ist überwältigt. Sie bricht in Tränen aus.

Sie sagt zu ihrem „Ich":

Ich mach da nicht mehr mit.

Du und ich, wir machen da nicht mehr mit.

Für beide fühlt es sich gut an.

Als Mama bin ich so stolz auf A., dass sie die Kraft hat das zu sagen, dass sie es durchzieht für sich selbst. Ich bewundere ihren Mut. Ich selbst wäre nicht so wagemutig.

A. ist tief berührt, doch sie hat auch Angst:
Es fühlt sich für sie an, als wäre sie ein Fremdkörper in der Familie. Als ob sie nicht mehr dazugehören würde.

A. sagt zur Oma: Nicht ich bin der Fremdkörper. Ihr seid der Fremdkörper.

Ihr seid euch gegenseitig fremd.

A. weint. Sie kann die Sätze kaum aussprechen, so getroffen ist sie von ihrem eigenen Schmerz.

Mama und Oma fühlen sich nicht mehr dominant. Sie sind beide weicher geworden.

„Ich", der Anteil von A. muss sich nicht mehr klein machen. Sie stellt sich zu A. und sagt:

Ich darf so groß sein, wie ich bin.

Ich zeige meine Größe.

Wir zeigen unsere Größe zusammen.

Dazu brauche ich dich. Und du mich. Denn ich bin dein Ich. An deiner Seite, und in dir.

A. wird ruhiger.

IV.

Die Welt retten und dabei selbst untergehen

In meinem Umfeld war ich ein stets ansprechbares Hilfstalent und damit eine gern kontaktierte Anlaufstelle für Anliegen aller Art.

Im Verein, in der Schule und im Kindergarten der Kinder, für die liebe Familie. Bedarf an selbstgebackenen Kuchen, Gebasteltem für die Tombola, zu verteilenden Flyern, usw.... gibt es hier in Hülle und Fülle.

Wer, wie ich damals, mit seiner Zeit und vor allem mit sich selbst nichts anzufangen weiß, der kann hier rund um die Uhr aktiv sein. Dabei habe ich in mir nie einen Menschen mit Helfersyndrom gesehen.

Rückblickend muss ich sagen, anderen zu helfen hatte einen für mich wichtigen Vorteil:

Ich bekam Aufmerksamkeit.

Ich war anerkannt und wurde gesehen, wenn auch nur meiner Hilfe wegen.

Außerdem machte ich mich mal wieder nützlich und das für einen guten Zweck.

Fiel die Anerkennung allerdings nicht üppig genug für mich aus, kam ich mir ausgenutzt vor.

Ich weiß nicht, welcher Schmerz dabei schlimmer für mich war: Der Schmerz darüber, dass meine *erhoffte* Anerkennung nur sehr spärlich ausfiel...

...oder dass ich mich ausgenutzt *fühlte*. Manchmal war dieses Gefühl berechtigt, manchmal auch nicht.

> Erkennen zu müssen,
> dass ich letztendlich selbst diejenige war,
> die es *erlaubt* hatte,
> dass man mit mir so umgehen konnte,
> war wohl das, was mir am meisten wehtat.

Viele Jahre habe ich kritisch die Geschehnisse dieser Welt beobachtet und überlegt, wie ich mich sinnvoll einbringen könnte. Wie ich im „großen Ganzen" dazu beitragen konnte, dass nachhaltiger Frieden auf diesem Planeten einzieht und wie ich helfen konnte, damit der Hunger dieser Welt gestillt wird.

Das, was „da draußen" passierte, bereitete mir Kummer. Ich habe mir Sorgen um Unruhen in der Ferne gemacht und dabei nicht gemerkt, wie schlecht es um meinen eigenen inneren Frieden „da drinnen" bestellt war.

Ich habe nicht gespürt, dass meine Ängste und Sorgen um die große weite Welt letztendlich meiner eigenen kleinen Welt in mir galten.

Ich dachte, in mir ist alles friedlich und ruhig.
Die Kindheit war nicht so gut verlaufen, ja das stimmte, aber das hatte ich längst weggesteckt. Schließlich bin ich auch irgendwie groß geworden. Kein Thema mehr für mich. *Dachte* ich.

Eine dicke Schutzschicht des schön Redens und Weglächelns schottete mich von meiner eigenen Hilfsbedürftigkeit ab.

Bei all dem westlichen materiellen Überfluss, in dem ich umgeben war, spürte ich meinen eigenen inneren Hunger nach Liebe, Wärme und Geborgenheit nicht.

> Die materielle Fülle war bis dahin
> die einzige Fülle in meinem Leben gewesen,
> die ich kannte.

Liebe, Wärme und Geborgenheit waren leere Worte für mich gewesen, deren Inhalt mir fremd war.

Bei all dem Rettungspotential auf dieser Welt konnte ich mich voll und ganz von mir selbst ablenken.

Es war leichter für mich, andere oder „das große Ganze" retten zu *wollen*, als mein eigenes sinkendes Schiff vor dem Untergang bewahren zu *müssen*.

Ein cleverer Schachzug meiner Psyche, denn meine eigenen Baustellen anzuschauen und auszuhalten war manchmal ganz schön schmerzhaft. Da tat es weniger weh, mich auf andere und deren Bedürftigkeit einzulassen.

Und durch mein „gutes" Karma sollte sich mein Leben von alleine zum Guten für mich wenden. Pustekuchen!

Warum wollte ich das Leben nicht selbst zum Guten wenden statt auf Karma zu warten?

Falsche Fürsorge

Mir war viele Jahre gar nicht klar, dass ich gerne anderen ungefragt meine Hilfe aufs Auge gedrückt habe, obwohl gar keine Unterstützung gefragt war. Dazu gehörten,

gut gemeinte Ratschläge, nach denen mich keiner gefragt hatte. (Da fällt mir gar kein bestimmter ein, weil Ratschläge verteilen mein Standardprogramm in jeder Unterhaltung war.)

übergestülpte Hilfsmaßnahmen, bei denen keiner je gesagt hatte, dass er das überhaupt möchte. („Ich hab dir schon mal einen Termin bei meinem Heilpraktiker gemacht.")

Problemlösungen für Dinge, die kein Problem waren und die keiner Lösung bedurften. („Ich dachte, ich schenke dir eine Kaffeemaschine, dann musst du nur noch aufs Knöpfchen drücken.")

Am Arbeitsplatz, in der Partnerbeziehung, bei den Kindern und auch für die Eltern wusste ich dann, was gut für sie ist. Zumindest *dachte* ich das.

Ein weiterer Denkfehler von mir war, dass ich mit der edlen Tugend der Hilfsbereitschaft gutes Karma ansammeln würde.

Mir war damals nicht bewusst, dass ich Hilfs-*Bereitschaft* mit Hilfs-*Zwang* verwechselt habe.

Dabei fühlten sich alle unter Zwang.
Ich, weil ich zwanghaft helfen wollte und die anderen, weil sie sich meiner „gut gemeinten" Hilfe kaum entziehen konnten.

Mein Mann fühlte sich chronisch bevormundet, die Kinder waren genervt oder schalteten auf Durchzug.

Erst als ich erkannt habe, dass ich mich permanent in die Angelegenheiten anderer Menschen *einmische*, konnte ich meinen Handlungen kein gutes Karma mehr abgewinnen.

Warum habe ich mir das Recht herausgenommen, ungefragt ins Leben anderer rein zu pfuschen?

Mir ist klar geworden: Es ist nicht in Ordnung mich in das Leben eines anderen einzumischen.

Denn letztendlich kann ich nicht wissen, was gut für andere ist.

Ich kann nur wissen oder herausfinden, was gut für mich ist.

Ich erkenne mehr und mehr **mein** Leben und **meine** Möglichkeiten.

Ich bin nur für mich verantwortlich.

Und so hat jeder hat sein Leben mit seinen Möglichkeiten, für das jeder selbst verantwortlich ist.

Auch heranwachsende Kinder und in die Jahre gekommene Eltern, denen ich früher ihr Leben anscheinend nicht zutraute, können alleine entscheiden. Selbst kleinere Kinder können ihrem Alter angepasst für sich bestimmen.

Und wenn ich nicht weiß, was zu tun ist?
Dann kann ich immer noch nach Hilfe fragen.
Und ich kann lernen mit der Situation umzugehen.

Vielleicht ist es ja gerade das, was ich an Erfahrung brauche um daran zu wachsen und zu reifen?

Mama macht das

Als Mutter hatte ich früher geglaubt, eine Art Grundrecht zu haben, mich bei meinen Kindern einmischen zu dürfen.

Ich dachte, es wäre sogar meine Pflicht, den Kindern vorzugeben, wie sie es zu machen haben.

Bis ich irgendwann gemerkt habe, dass es den Kindern nicht gut tut und unserer Beziehung erst recht nicht.

Ich glaubte, es als Mutter schließlich besser zu wissen. Außerdem wollte ich sie vor jeglichem unnötigem Leid bewahren. Das harte Leben kam doch noch früh genug. Doch ich hatte nicht bedacht:

Wie sollten die Kinder auf die große, weite Welt vorbereitet werden, wenn ich ihnen alles abnahm und damit vermittelte, dass ich ihnen keine eigenständigen Entscheidungen zutraute **und sie somit auch keine eigenständigen Entscheidungen treffen konnten?**

Ich kann mich noch gut an meine Zeit als Jugendliche erinnern. Ich kam mir innerlich so eingesperrt vor, weil ich gar nichts selbst für mich bestimmen durfte.

Die Mutter hatte so viele Ängste in sich, dass sie mir überhaupt nichts zuzutrauen schien. Ich kam mir vor wie in einem inneren Gefängnis.

Damals habe ich mir geschworen, dass ich es bei meinen eigenen Kindern ganz anders und auf jeden Fall besser machen werde.
Wie ihr seht, ist es mir nicht gelungen.

Als ich dann endlich erwachsen und frei war und selbst entscheiden durfte, wusste ich oft gar nicht, wie ich mich entscheiden sollte.

Erst viele Jahre später habe ich realisiert, dass ich aktiven Entscheidungen gerne aus dem Weg gehe und warte bis sich die Situation von alleine und ohne mein Zutun klärt.

Ich traute mir viele Jahre gar keine eigenen Entscheidungen zu. Auch heute geht es mir stellenweise noch so.

So manch eigene Lösung der Kinder hat mich als Mutter völlig überrascht.

Ich musste mir eingestehen, dass ich die Kinder bremste, wenn ich sie nicht ausprobieren und entdecken ließ und dass ihr Potential weitaus mehr hergab als ich es ihnen zutraute.

Oft waren ihre eigenen Ideen besser als meine Lösungsvorschläge.

Ich habe gemerkt, dass die Kinder durchaus wissen, was gut für <u>sie</u> ist, wenn sie dürfen, wie sie wollen.

Zugegeben, es passiert mir heute noch, dass ich mich, besonders bei den Kindern, in ihre Angelegenheiten einmische, indem ich schneller einen Ratschlag rausgegeben habe, als ich danach gefragt wurde.

Dabei geht es manchmal um ganz banale Dinge.
Zum Glück finde ich inzwischen immer öfter die Taste zu meinem Pausenknopf.

Und wenn ich erst hinterher merke, dass mein Programm an gut gemeinten Tipps bereits durchgelaufen ist, dann kann ich das ehrlich bei den Kindern ansprechen.

Mir ist das sehr wichtig geworden, denn ich habe gemerkt, je authentischer ich als Mutter bin, desto echter sind unsere Gespräche. Der Kern meiner Botschaft kommt an.

Vor allem aber sehen sie, dass ihre Mama nicht perfekt ist. Die Mama ist keine allwissende Königin auf einem Thron, sondern auch nur ein Mensch auf Augenhöhe, der Fehler macht und dazu steht.

Mein folgenschweres Programm

Während ich an diesem Kapitel schreibe und über meine selbst entwickelten Hilfsprogramme nachdenke, fällt mir wieder der Bezug zu meiner Kindheit auf.

Seit jeher war es mein Standardprogramm gewesen den Eltern zu helfen. Und nicht nur ihnen.

Ich half der Oma, indem ich so war, wie sie sich eine „richtige" Tochter vorstellte. Ich half, indem ich brav war und folgte. Meine

Lehrer unterstützte ich, indem ich den Unterricht so wenig wie möglich störte und artig mitmachte.

> Ich half, indem ich folgte
>
> und brav war.

Ein *folgen*-schweres Programm, das ich da entwickelt und in mir eingebrannt hatte.

„Folgen" hieß für mich damals brav und pflegeleicht sein, keine Widerworte, das machen was die anderen wollen.

Eine eigene Meinung zu haben war unmöglich und ausgeschlossen, denn mir wurde als Kind der feste Glaubenssatz vermittelt:

Wir haben als Familie *eine* Meinung.

Und diese eine, vorgegebene Meinung (es war die der Oma) sicherte unser gemeinsames Miteinander, das darin bestand, den eigenen Minderwert zu erhöhen, indem andere im gemeinsamen Familienklatsch und Tratsch klein gemacht oder ausgelacht wurden.

Ich fühlte mich oft genötigt einen Kommentar abzugeben, obwohl ich das gar nicht wollte. Zu manchen Themen hatte ich einfach keine Meinung, weil es mir egal war.

Wenn ich nicht zustimmte oder mich einfach nicht zu einem Thema äußern wollte, galt ich als Gegner der eigenen Familie.

Letztendlich war ich ja gar nicht gegen die Familie, doch mein Verhalten wurde wie Verrat geahndet.

Die Oma war dann beleidigt und bestrafte mich mit Nichtachtung. Die Mutter fegte mit verbaler und körperlicher Gewalt über mich hinweg, dass ich mich vermutlich aus Angst um meine Existenz einfach nur noch widerstandslos ins System einfügte.

Wenn ich zurückblicke, habe ich den Eindruck, dass in der Familie oft so lange an meinen Stellschrauben gedreht wurde bis ich endlich der einen und einzig geltenden Meinung zustimmte.

Wir haben als Familie *eine* Meinung. Ein Glaubenssatz, den ich ins spätere Leben mitgenommen habe. Ich erkenne die Parallelen in meiner heutigen Familie. Vielleicht ist das der Grund für unser Bilderbuchauftreten nach außen gewesen:

Nach außen waren wir immer *einer* Meinung und manchmal ist das immer noch so.

Zuhause, hinter verschlossenen Türen und hinter den Türen unseres Herzens konnte und kann das anders aussehen.

Dabei erkenne ich mich in der Vergangenheit als diejenige, die beleidigt war, wenn mein Mann mir nicht zustimmte. Selbst eine wortlose Bestätigung reichte mir nicht aus. Ich brauchte seine aktive Zustimmung. Es war mein aus der Kindheit übernommenes Programm, so für Zusammenhalt in der Ehe und später in der Familie sorgen zu wollen.

Zu Beginn unserer Beziehung störte es mich nicht, in eine Familie mit starrem Meinungsbild und fest eingefahrenen Traditionen einzuheiraten. Es war das, was ich aus meiner Familie kannte. Ich fühlte mich „wie zu Hause".

Dennoch sorgte diese Mischung für reichlich Zündstoff.

> Denn wir kommen aus *zwei* Familien
> und wollten *eine* gemeinsame Meinung haben.

Es war ein Machtkampf. Jeder wollte seine Meinung geltend machen.

Nachdem mir die Parallelen klar sind, verstehe ich meinen Anteil daran.

Früher war für mich klar gewesen, dass meine Meinung diese *eine* Meinung werden *musste*.

Als Frau, die einer matriarchalen Familie entstammt, kannte ich nichts anderes.

Aufstellung

R., weiblich, 71 Jahre, stellt folgendes Anliegen auf:

„Ich will spüren"

In der Aufstellung zeigt sich, dass „Ich" ein Anteil von R zu sein scheint.

„will" steht für die Mutter.

Ich bin die Stellvertreterin für „spüren" und nehme mich als einen kraftvollen Anteil von R wahr.

Wenn „will" als die Mutter spricht, kommt beim „Ich", das stellvertetend für R. steht, nur Traurigkeit auf.

„Will" klingt für mich als „spüren" zu kopfmäßig. Mit dem Verstand kann ich nicht erreicht werden. Die ganze Situation muss noch feiner und subtiler werden, bis ich mit meiner Kraft ins Spiel komme.

R. fragt sich, wie sie zu diesem subtilen Spüren gelangt.

„Will" und „spüren" passen nicht zusammen.

Uli, der die Aufstellung begleitet, gibt R. den Hinweis, dass die Mutter ihr nicht mehr dominant im Weg steht, sobald R. der Mutter nicht mehr erlaubt sie zu blockieren.

R. ist blockiert und muss den Hinweis noch einmal hören.

Alle Teilnehmer bekommen Gänsehaut. Für mich als „spüren" klingt das absolut stimmig.

R. fragt sich: Wie kann ich zu mir kommen, ohne eine Schuldverschiebungen an die Eltern hin?
Ohne mit den Eltern etwas klären zu müssen?

Wie komme ich zu MIR?

R. sagt zu „will", die stellvertretend für die Mama steht:
Mit all dem was du mir gesagt hast, was ich tun soll, bist du mir zu viel.

In R. kommt Wut auf.

Sie sagt weiter zu „will" (Mama), diesmal energischer und lauter:

Alles, was du mir gesagt hast, wie *man* leben muss, ist mir zu viel.

Gut dastehen vor den anderen, die religiöse Erziehung der Kirche, und vieles andere.

Das bin nicht ich.

Ich will vor mir gut da stehen.

R. ist tief berührt. Sie will nur noch für sich gut dastehen. Nur für sich selbst. Für sonst niemanden. Nicht für den Mann, die Kinder oder sonst irgendjemanden.

R. spürt, wie es ihr die Kehle abschnürt, nachdem sie die Sätze zur Mama gesagt hat.

Ein dicker Kloß ist in ihrem Hals. Die Traurigkeit, die sie jahrzehntelang unterdrückt hat, kommt hoch. Sie weint.

Sie hat das Gefühl, dass ihr der Hals zugeschnürt wird.

Als Kind durfte sie zu Hause nie etwas sagen.

Sie durfte auch nicht das sagen, was sie gespürt hat.

R. erinnert sich, dass sie bereits eine Ohrfeige in der Kindheit bekommen hat, wenn sie nur „ich" gesagt hat. Das war in den Augen der Eltern egoistisch.

Nach den ausgesprochenen Sätzen hat R. Probleme beim Atmen.

Sie sagt: **Ich wurde abgewürgt. Bis heute.**

Auch in der Beziehung wurde ich abgewürgt. Bis heute.

R. erkennt Parallelen in ihrem Leben. Von der Kindheit bis heute.

Situationen, in denen sie damals wie heute nichts gesagt hat und alles mit sich machen hat lassen. Dabei war sie unglücklich und ist es heute noch.

Es ist so viel Schmerz und Traurigkeit in ihr.

Auch ein Gefühl von Angst kommt hoch, dass sie alleine da steht, wenn sie für sich steht.

„Ich" und „spüren", die wir beide für die Anteile von R. stehen sind aufmerksam geworden. Wenn sie einsteht für ihre Vorstellung vom Leben, ihre Meinung. Wenn sie sich selbst lebt.

Dass R. zu sich steht und sich erlaubt, den Schmerz in sich zu spüren, hat uns gestärkt.

R. fühlt sich jetzt auch klarer und gestärkter.

Sie formuliert für sich:

Wenn ich für mich stehe, stehe ich nicht alleine da.

Ich bin nicht alleine. ICH bin doch für mich da.

Der Widerspruch in mir

Ich erkenne zwei verschiedene Verhaltensweisen in mir.

Auf der einen Seite war ich diejenige, die zu Hause *ihr* Programm, *ihre* Meinung durchsetzen wollte.

Auf der anderen Seite folgte ich anderen ohne Widerspruch wie damals als Kind.

Ich habe auch später noch viel „geholfen", indem ich brav war und folgte.

In Beziehungen, in der Arbeit, in der Gesellschaft. Ich half, indem ich den anderen folgte und nix sagte. Zumindest sagte ich nicht das, was ich aus mir heraus sagen wollte.

Manchmal spürte ich, dass die Meinung anderer für mich nicht richtig war. Doch ich wußte nicht, was für mich stimmig ist und so trottete ich brav anderen hinterher, mal wieder von meiner nicht vorhandenen eigenen Meinung überrumpelt.

Wenn ich dann mal tatsächlich eine eigene Einstellung hatte, war es unglaublich schwer für mich, diese meine Auffassung zu äußern, wenn ich mir überhaupt erlaubte eine eigene Meinung zu haben.

Ich kann mich gut an Elternabende in der Schule der Kinder erinnern, an denen ich einen konträren Standpunkt zu anderen Eltern hatte.

Innerlich war ich in einer Zwickmühle. Ich haderte mit mir. Grundsätzlich hätte ich am liebsten gar nichts gesagt. Andererseits wollte ich nicht, dass meine Tochter und all die anderen Mitschüler die Konsequenzen zu tragen hatten, die manche Eltern mit ihren (aus meiner Sicht) sinnlosen Vorschlägen auslösten.

Es hat mich unendliche Überwindung gekostet, überhaupt etwas zu sagen und später dann zu Hause konnte ich nicht einschlafen, weil ich innerlich völlig aufgewühlt war.

Ich überlegte die ganze Zeit, ob ich mich korrekt verhalten hatte oder ob ich nicht doch irgendetwas Falsches gesagt habe. Überhaupt begann ich zu zweifeln, ob *meine* Meinung wirklich die richtige gewesen war.

Es ist erschreckend für mich zu sehen, wie pflegeleicht und brav ich auch als Erwachsene gewesen und teilweise heute noch bin. Besonders in Beziehungen habe ich die alte Angst gespürt, nichts sagen zu dürfen um verbaler wie körperlicher Gewalt zu entgehen.

Ich bin zum Follower aller anderen geworden. Mir selbst bin ich nicht gefolgt, nur den alten unguten Programmen, die immer noch in mir tätig waren und die es teilweise heute noch sind.

Mir selbst zu folgen hätte bedeutet, dass es einen Weg, eine Richtung *für mich* gibt.

Doch das wusste und kannte ich nicht.

Mir hatte früher keiner gesagt, dass es eine eigene Meinung gibt, MEINE eigene Meinung. Das war für mich auch so in meiner Herkunftsfamilie nicht vorgesehen gewesen.

Mir wird immer klarer, wie tief ich als Kind wie auch als Erwachsene in die Meinung der Familie verstrickt gewesen bin.

Wie wir alle die gleiche Meinungsuniform wie eine Zwangsjacke trugen. Die Jacke, von der ich geglaubt hatte, dass sie meine eigene sei und die mich auf einige Irrwege im Leben geleitet hatte.

Die Jacke, bei der ich erst nach vielen Jahren spüre, wie sehr sie mich gedrückt und eingeengt hat.

Und nicht nur mich, - auch meine jetzige Familie, die ich in die gleiche Jacke zwängen wollte.

Erst durch die innere Arbeit mit mir selbst und die positiven Auswirkungen durch die Aufstellungen habe ich den Mut zu hinterfragen, was wirklich MEINE Meinung ist.

Dabei habe ich festgestellt, dass ich einige Meinungsanteile von
meiner Familie übernommen habe, die gar nicht zu mir passen.

Rettungseinsatz beendet

Ich entdecke die weitreichende Tragweite meiner „Helfer"- Programme für mein Leben.

Ich erkenne wieder den Ursprung in dem kleinen Mädchen in
mir:

> **Mit einem (Ehe-)Rettungsauftrag gezeugt.**
>
> **Die Erwartung zu helfen bereits über die
> Nabelschnur verabreicht.**
>
> **Ein Kind, dem das Helfer-Syndrom als le-
> benswichtige Berechtigung in die Zellen mit-
> eingewachsen ist.**

Ich sehe die daraus entstandenen unguten Verknüpfungen in
mir, die ich auch als Erwachsene noch tief in mir verankert hatte.

Ich erkenne, warum ich mein Helfer-Sydrom nie an mir wahrgenommen habe.
Es ist mir so „normal" in Fleisch uns Blut übergegangen, regelrecht
in mir *eingewachsen.*

Wie sollte ich mein Programm erfolgreich abstellen, wenn ich mir dessen ursächlichem Inhalt gar nicht klar war?

Jetzt, nachdem mir die Zusammenhänge bewusst geworden sind, merke ich, wie anstrengend diese Helferprogramme für mich waren und - wie gut die anderen auch ohne mich können.

Denn ich habe aus meinem alten abgespeicherten Programm heraus, mir und anderen das Leben schwer gemacht.

Mir ist klar geworden, dass ich mich viele Jahre umsonst für andere aufgerieben und aufgeopfert habe, um letztendlich festzustellen, dass all mein „Engagement" mich selbst keinen Schritt weiter zu mir gebracht hat.

Meine ganzen „gut gemeinten" Hilfsmaßnahmen für andere haben mich weder innerlich bestätigt noch meinen löchrigen Eimer mit Aufmerksamkeit, Lob und Zuwendung gefüllt.

Auch nach einem Burnout in jungen Jahren hatte ich nichts dazugelernt. Ich habe mich weiterhin viele Jahre um alles und jeden gekümmert statt einfach mal für mich selbst da zu sein. Ein Gespür dafür zu bekommen, wie es mir geht und was ich brauche.

Doch woher sollte dieses Gefühl für mich kommen, das ich nie kennengelernt hatte?

Für mich selbst hatte ich kein Rettungspaket im Gepäck gehabt.

Ich war so auf alles andere fixiert gewesen, dass ich gar nicht bemerkt habe, wie ich ungebremst gegen eine Wand zu fahren schien.

Auf der Helfer-Autobahn zu anderen hatte ich die eigene Ausfahrt zu mir verpasst.

Ernüchtert darüber habe ich die nächstbeste Abzweigung genommen und den Rückweg innerlich in halbem Tempo zurückgelegt.

Wie ein Film sind frühere Erlebnisse an mir vorbeigezogen.

Aufreibende Rettungseinsätze, unnötige Hilfsangebote und ein Gefühl von zuvor nie wahrgenommener Erschöpfung.

Eine tonnenschwere Last fiel mir von den Schultern.

Da war ich nun wieder bei mir gelandet.
Oder besser gesagt, zum ersten Mal überhaupt bei mir angekommen?

Fremdes, ungewohntes Terrain und doch pure Erleichterung.

Es war neu für mich, mir selbst zu folgen.

Reumütig musste ich feststellen, dass ich mich selbst viele Jahre im Abseits stehen hab lassen.

Bei all der falschen Fürsorge für andere hatte ich mich selbst seelisch obdachlos gemacht.

Ich hatte alle Sorgen und Anliegen anderer in mir beherbergt, nur für mich selbst hatte ich keinen Platz gehabt. Ein dickes Minus in meiner seelischen Bilanz.

Jetzt, nachdem mir die Zusammenhänge bewusst geworden sind habe ich nach fast 40 Jahren Betriebszugehörigkeit das alte Programm erschöpft abgeschaltet.

Ich will einfach nicht mehr. Ich sehe keinen Sinn mehr darin. Ich stehe keinem mehr mit dem Helfer-Betriebssystem zur Verfügung.

Ich spüre, wie sich nach und nach die alten unguten Dateien in mir löschen, die aus diesem Programm resultieren.

Es wird zunehmend Platz frei für die Updates MEINES Programms und die neuen Definitionen in meinem Leben.

Ab jetzt fange ich an für mich da zu sein. Endlich.

Meine neue Definition von Hilfe

Ich habe mich gefragt, wie definiere ich Hilfe ohne mich selbst dabei zu vergessen oder zu verheizen.

Wie sieht meine neue Definition von Hilfsbereitschaft aus?

Ich helfe, wenn...

...ich tatsächlich um Hilfe gebeten werde.

(Wenn ein medizinischer Notfall vorliegt und sofortiges Eingreifen erforderlich ist natürlich auch ungefragt.)

...ich mit mir geklärt habe, wie beschäftigt ich gerade mit mir und meinen eigenen Anliegen bin. Meine Prioritäten haben sich geändert, seit ich mir wichtig geworden bin. Ich kann meine Kraft nur dann einbringen, wenn ich selbst Kraft habe.

...ich die Hilfe leisten kann und will

Es gibt Arbeiten, die gehen anderen leichter von der Hand, da muss ich mich nicht unnötig reinlesen oder ausprobieren. Und es gibt Hilfen, die ich nicht erfüllen will, weil sie mir nicht sinnig erscheinen.

Es war anfangs echt schwierig für mich, eine Bitte mit einem klaren Nein abzulehnen, ohne hinterher ein schlechtes Gewissen zu haben.

„Nein" zu sagen war seit jeher eine Hürde für mich, die ich gerne umging.

Auf der anderen Seite wollte ich mich nicht rechtfertigen oder irgendwelche Ausreden erfinden, warum ich einer Bitte nicht nachkomme.

Mir ist wichtig geworden ehrlich zu sein, zu mir selbst und zu anderen.

Ein ehrliches Nein zu dem, was nicht stimmig für mich ist, ist auch ein ehrliches Ja zu mir selbst.

Das echte innere Ja, das mich so nachhaltig bestätigt wie keine Aufmerksamkeit von außen es je tun könnte.
Ich stehe dann für mich ein.

Es ist mir nicht immer gelungen eine Bitte abzulehnen. Das waren wir bisher alle nicht von mir gewohnt.

Ich hatte große Sorge, dass mich die anderen ablehnen, wenn ich ablehne.

Doch das ist nicht der Fall. Im Gegenteil. Je authentischer ich mich äußere, umso echter erlebe ich mein Umfeld.

V.

Zeit für mich

Sie ist für mich eine seelische Energiequelle geworden:
Meine Zeit für mich.

Zeit, die ich nur mir widme.

Nicht der Familie, nicht dem Haushalt oder irgendwelchen Ablenkungen des Alltags. In dieser Zeit erlaube ich mir ohne Erwartungen oder Verpflichtungen zu sein. Kein voller Bügelkorb, kein sportliches Ziel, kein kreativer Erfüllungszwang kann mich von meiner Zeit für mich abhalten.

Anfangs war es mir gar nicht möglich, diese Zeit zu genießen. Es war so ungewohnt für mich. Zeit für mich haben, das kannte ich aus meiner Kindheit nicht. Es musste immer irgendetwas gemacht werden, alles andere war „faul rumsitzen".

Ich konnte mit mir nichts anfangen in meiner freien Zeit. Schnell war ich abgelenkt und bin im Internet oder am Telefon bei einer Freundin gelandet wenn ich nicht schon gleich wieder im Haushalt zugange war. Zu tun gab es ja genug. Vom Keller bis zum Dachboden und dann war da ja auch noch der Garten...

In diesen Momenten wusste ich gar nicht so richtig, was mir wirklich gut tut.

Bügeln war doch schließlich auch etwas, was ich für mich machte. Immerhin trug ich ja gerne gebügelte Wäsche.

Für mich persönlich war daß eher eine Ausrede, denn ich habe mir irgendwann eingestanden, dass mir Bügeln keine Freude bereitet.

Warum tat ich es dann trotzdem?
Warum bügelte ich anstatt Zeit mit mir zu verbringen?
Warum bügelte ich überhaupt?

Vielleicht wollte ich mein vernachlässigtes Selbst in der sauber aufbereiteten Kleidung verstecken? Vielleicht war es auch der mir selbst auferlegte Druck, dass *man* von mir gebügelte Kleidung erwartet?

Und außerdem war ich schließlich Hausfrau...

Die Frage ist, wer ist „man" und wer erwartet was?

„Man sollte...", „man könnte...", „man müsste...", hört sich nach einer gesellschaftlichen Erwartung für mich an.

Und wenn ich genauer hinschaue, ist es das, was meine Herkunftsfamilie an Regeln und Glaubenssätzen vorgegeben hatte.

Was sich gehörte und was nicht.

Die Dinge, die ich als Meinungsbild vorgelebt bekommen und ungefiltert in mein Leben übernommen habe.

Fest verankertes Gedankengut, das immer noch automatisiert meinen Alltag bestimmte ohne dass ich je hinterfragt hatte, ob das wirklich meins ist. Ob das zu mir passt, ob es stimmig für mich ist. Ob ich das überhaupt will.

Inzwischen habe ich meine eigene Definition fürs Bügeln gefunden.

Meine Zeit für mich sieht jedenfalls anders aus. Sie gibt mir mehr als es die Zeit am Bügelbrett je tun könnte.

Ich hatte die Erwartungshaltung, dass ich diese kostbare und seltene Zeit für mich, die ich mir anfangs nur in einem abgesteckten Zeitrahmen zur Verfügung stellte, mit einer „besonderen", ausgefallenen Aktivität schmücken muss.

So habe ich lange überlegt, was ich so machen könnte, bis dann meine Zeit schon wieder um war.

Auf Knopfdruck meditieren ging nicht. Zu viele Gedanken kreisten in meinem Kopf. Ich kam zu dem Entschluss, dass eine Meditation mit vorgegebenen Anweisungen und Haltungen nicht das war, was mich entspannte oder zur Ruhe brachte. Also saß ich irgendwann einfach nur in meinem Sessel und habe dem Plätschern des Quellsteins im Garten gelauscht. Wenn auch nur für ein paar Minuten.

Ich habe angefangen meine Fragen, Gedanken, Sorgen oder Eindrücke aus den Aufstellungen aufzuschreiben, weil ich sonst immer wieder im Kopfkino gelandet bin.

So waren meine Gedanken später dann auch nicht weg, wenn ich mich noch einmal damit beschäftigen wollte.

Während ich schrieb, stellten sich neue Gedankenansätze und Fragen ein. Vor allem aber wurden mir die Zusammenhänge in meinem Leben klarer und ich gelangte zu wichtigen Erkenntnissen.

Ich kann beim Schreiben so tief eintauchen, dass ich gar nicht bemerke, wie die Zeit vergeht. Ich bin dann so intensiv mit mir beschäftigt, dass ich mich schon allein durchs Schreiben entspannter fühle. Innerlich habe ich damit etwas in Gang gebracht und vor allem, ich bin mir wieder ein Stück näher gekommen. Das tut mir gut.

Es gibt Tage, da bringe ich einfach nur meine Fragen oder Stichworte aufs Papier. Manchmal sind gleich schon Zusammenhänge da, manchmal ist noch kein klares Ergebnis in Sicht.

Früher wollte ich jetzt und sofort eine schnelle Lösung haben.

Doch ich musste erkennen, dass meine Seele so nicht funktioniert und ich mich mit meiner Erwartungshaltung überforderte.

Zwar kannte ich mich mit Funktionieren und Überfordern gut aus, doch das war nicht das, was mir gut tat. Im Gegenteil.

Meine Seele braucht Geduld, Verstehen, Wohlwollen und Interesse.

Echtes Interesse an mir wie an einer guten Freundin, die mich treu durch alle Auf und Abs des Lebens begleitet.

Ich habe gemerkt, es wäre zu viel verlangt, all die seelischen Zusammenhänge auf einmal in der Tiefe erfassen zu wollen.

Meine Seele weiß, was sie braucht und in welchem Tempo sie die Erkenntnisse aufnehmen kann.

**Die Zeit mit mir ist mir sehr wichtig geworden,
weil ICH mir wichtig geworden bin.**

Ich bekomme ein *Gefühl* für mich und meine Bedürfnisse.

Ich fange erstmals an, mich in der Tiefe kennenzulernen.

> Wenn ich mir diese Zeiten für mich nehme,
> dann habe ich nie das unzufriedene Gefühl,
> dass ich nicht genug Zeit für mich habe.

Ich kann den Kindern dann aufmerksamer zuhören und besser wahrnehmen, was gerade für sie ansteht.

Ich kann mehr Verständnis für meinen Mann aufbringen.

Aus meinem eigenen befriedigten Bedürfnis nach Zeit mit mir kann ich so wieder entspannter, gelassener und zufriedener in den Familienalltag zurückkehren.

Es gibt keinen festen Zeitplan für meine Zeit. Ich mache das, was mir gut tut und ich nehme mir die Zeit, die mir gut tut. Was ich mache und wieviel Zeit das ist, das kann sich variieren. Nicht jeder Tag ist gleich. Bedürfnisse verändern sich.

Das gilt natürlich für uns alle in der Familie. Jeder kann seine Zeit für sich haben. Das gilt auch für die Kinder. Es mag sein, dass die gemeinsame Familienzeit dadurch etwas geschmälert ist. Dafür ist die verbleibende Zeit erfüllter und entspannter geworden.

Jeder kehrt wieder gerne in die Familie zurück, ohne das Gefühl zu haben, als Mutter, Vater oder Tochter dauernd präsent sein zu müssen.

Ich kann inzwischen die Stille um mich herum genießen und so nachhaltig Kraft tanken. Für mich und das, was mich bewegt. Für die Kinder, die ihre Anliegen nach Hause bringen. Für meinen Mann, der sein Eigenes mitbringt. Für uns als Familie, die wir mit all unseren Belangen aufeinander treffen.

Ich kenne die anfänglichen Bedenken, wenn es um freie Zeit für sich selbst geht:

Bei mir ist immer jemand da, da hab ich nie Ruhe.

Und was sagt meine Familie dazu?

Die meckern sowieso schon, dass ich zu wenig Zeit habe.

Bei meinem stressigen Job, da bleibt kaum Zeit.

Ich kann das gut nachvollziehen.

Die Frage für mich ist, wem nützt es, wenn alle unzufrieden aufeinander hängen?

Welche Bereicherung stellt da mein Familienleben noch dar?

Heißt Familie, dass ich mich selbst aufgeben muss?

Wie kann ich bereichernd *für die Familie* da sein, wenn ich *für mich* nicht da bin und eher armselig mit mir selbst umgehe?

Wie will ich einem anderen aktiv zuhören, wenn ich mir selbst nicht zuhöre?

Den Dingen, die für mich wichtig sind, die mich bewegen in der Tiefe meines Seins?

Aufstellung

B., weiblich, 47 Jahre, hat folgendes Anliegen:

„Ich"

In der Aufstellung bin ich die Resonanzgeberin für das „Ich".

Ich fühle mich völlig erschöpft.
Innerlich liege ich bereits ausgelaugt auf dem Boden. Doch ich will mich nicht so schwach vor den anderen zeigen. Ich will meine Fassade bewahren.

B. fragt, was mich so kraftlos macht.

Obwohl ich die Antwort kenne, mache ich lieber die Augen zu. Darüber möchte ich gar nichts wissen. Das will ich nicht sehen.

Was mich erschöpft, das bin „Ich". Ich selbst.

In meiner Rolle türmt sich in meinem Kopf ein Berg an Glaubenssätzen aus meiner Kindheit auf.

Ein schweres Paket, das ich da in mir herumtrage.

Was sich gehört, was ich muss, was ich sollte, das geht nicht, das braucht es nicht, so benimmt man sich und so nicht…
und viele andere „Regeln".
Mein Repertoire.

Als ich in der Aufstellung auf meine Bezeichnung „Ich" schaue, habe ich dieses große Paket in mir vor Augen. Alles andere ist dann vergessen. Es scheint nichts anderes für mich zu geben. Mit mir selbst kann ich dann nichts mehr anfangen.

Unser Begleiter im Seminar fragt mich, ob ich mit dem anderen allen nichts anfangen kann. Dem Paket, dem Repertoire in mir. Ich formuliere den Satz mit seiner Hilfe für mich:

Ich kann mit dem anderen allen nichts anfangen. Mit dem Repertoire.

Erst nachdem ich den Satz mehrmals ausgesprochen habe, spüre ich ein Gefühl der Erleichterung in mir.

Die jahrelange Anspannung entweicht meinem Körper. Meine Arme fallen ab. Ich strecke die Beine von mir. Eine tonnenschwere Last fällt von meinen Schultern.

Der Satz hat sichtlich ins Schwarze getroffen.

Mit allem was war, kann ich nichts anfangen.

In meinem Kopf findet nun viel Bewegung statt. Ich komme mir vor, als würde mein Gehirn durch eine Waschanlage fahren.

All diese auferlegten Sätze, die „ICH" als Kind aufgenommen und als Erwachsene mit in mein Leben übernommen habe, prallen wie Wasserperlen an mir ab.

Ich fühle mich leichter und klarer.

B. fühlt Ängste in sich aufkommen.

Sie drückt es so aus:
Wenn ich diesen Regeln nicht mehr folge, wer bin ich dann?

Wenn ich nicht mehr nach den alten Glaubenssätzen funktioniere, dann werde ich Menschen verlieren oder die mögen mich nicht mehr. Dann bin ich alleine.

Mit Hilfe unseres Seminarbegleiters probiert B. folgenden Lösungssatz für sich aus:

Wenn ich nicht mehr <u>so</u> funktioniere,
werden Menschen MICH verlieren.

B. ist erstaunt. Aus diesem Blickwinkel heraus hat sie die Situation noch gar nicht betrachtet. Sie wiederholt den Satz mehrmals. Das hört sich richtig gut für sie an!

„Ich" entdecke: Dann entscheide ja ICH, wer bleibt in meinem Leben und wer nicht.

Nicht ich verliere die anderen, sondern die anderen verlieren MICH.

Das war mir so gar nicht bewusst. Eine ganz neue Option für mich in meinem Leben. Das tut mir gut.

Ruhe

In den letzten Jahren habe ich das zunehmende Bedürfnis nach Ruhe entwickelt.

Zeit, in der ich nicht äußeren Einflüssen ausgesetzt bin und einfach nur für mich sein kann. Nichts erledigen oder erfüllen müssen, keine Erwartungen an mich von mir selbst oder von anderen. Ich genieße die ruhigen Vormittage, an denen ich nicht reden oder zuhören muss, weil ich in dieser Zeit nicht reden oder zuhören *will*.

Mahatma Gandhi hatte einen Tag in der Woche für sich zum Schweigetag erklärt. Das kann ich gut nachvollziehen. Ich habe mir selbst keine Schweigezeit auferlegt, doch ich habe gemerkt, wie erholsam und kraftvoll diese Auszeiten vom Alltagslärm sind, in der sich irgendwann auch die „Was-ich-noch-tun-sollte"-Liste aus meinen Gedanken schleicht und Stille eintritt.

Kein sinnloses Geplapper und keine Ablenkungen, die meine innere Stimme übertönen.

Ich genieße es, meinem Herzen auf dem Papier freien Lauf zu lassen. Dann bin ich ganz für mich da und kümmere mich um das, was mich bewegt, aus der Ruhe heraus.

Manchmal ist es auch der Blick in den Garten, ein Spaziergang in der Natur, den Blick aufs Gewässer. Dann kehrt mehr und mehr echte Ruhe in mir ein. Keine zwanghaft verordnete Ruhe.

Einfach nur sein und die Stille genießen.

Früher sah mein Bedürfnis nach Ruhe ganz anders aus.

Es war eigentlich gar nicht vorhanden.

Besser gesagt, ich *spürte* es einfach nicht.

Mit Ruhe oder Stille konnte ich nichts anfangen. Selbst wenn mein Körper sich immer häufiger meldete und Alarm schlug - für Ruhe hatte ich nun wirklich keine Zeit. Später vielleicht.

In meinen frühen Zwanzigern war ich beruflich immer sehr beschäftigt und unterwegs. Höher, schneller, weiter – nichts schien zu viel, jedes geschäftliche Ziel möglich. Kollegen, die mein Tempo nicht mitgehen konnten (oder wollten?), habe ich als zu wenig ehrgeizig abgetan. Ich konnte nicht nachvollziehen, wie der pünktliche Feierabend wichtiger sein konnte als die eigene Verkaufsquote nach oben zu schrauben.

In dieser Zeit habe ich sämtliche Bedürfnisse unterdrückt.

Genau genommen schien das Wort „Bedürfnisse" in meinem Wortschatz gar nicht zu existieren,

weswegen ich nicht mal im Ansatz darüber nachgedacht habe, was meine Bedürfnisse sind. Eine kurze Zigarettenpause zwischen den Kundenterminen war damals mein einziges Verständnis von Ruhe gewesen. Selbst andere existentielle Bedürfnisse wie essen und schlafen konnten warten und auf ein Minimum reduziert werden.

Wie hart ich damals mit mir umgegangen bin...

So habe ich eine „einfache" Erkältung gar nicht wahrgenommen und einfach weitergemacht als wäre nix gewesen. Selbst mit einer Kehlkopfentzündung, die schon keinen Ton mehr zuließ, stand ich auf einer Messe und verkaufte weiter munter Verträge. Ich war auch noch stolz darauf, trotz dieser lästigen Einschränkung erfolgreich zu sein.

Diese Situationen häuften sich. Erst blieb die Stimme nur eine Woche weg, irgendwann waren es zwei. Zum Arzt bin ich eigentlich nur gegangen, um mich bei ihm zu beschweren, dass seine Medikamente nicht zu wirken schienen und um nachzufragen ob er nicht etwas Besseres hätte, was vor allem schneller wirkte.

Der damalige Arzt hat mir nüchtern und ohne Umschweife erklärt, dass meine Stimme ganz wegbleibt, wenn ich mir und meinem Körper nicht endlich Ruhe gönnen würde.

Zwei Wochen Ruhe, zwei endlos lange Wochen ohne zu sprechen oder zu flüstern. Kein Kaffee, kein Nikotin, keine Telefonate. Nur Ruhe und Tee.

Ich hätte diesen Arzt am liebsten auf den Mond geschossen! Ruhe und Tee war das, womit ich so ziemlich am wenigsten zu der Zeit anfangen konnte.

Und überhaupt, was glaubte er eigentlich, wer *meine* Arbeit erledigte?

Irgendwie scheint diese direkte Ansage doch bei mir gewirkt zu haben, denn ich bin tatsächlich zu Hause geblieben und habe mich geschont. Vermutlich hatte ich auch gar keine andere Wahl, wenn ich eines Tages wieder den Klang meiner Stimme wahrnehmen wollte.

Diese sehr ruhige Zeit zu Hause war für mich völlig ungewohnt und unangenehm. Ich habe mich geärgert über diese lästige und unnötige Zeitverschwendung. Doch ich wurde während dieser Auszeit wieder auf mich zurückgeworfen.

Mich überfiel erstmals seit langem ein Gefühl, das ich in meinem Alltag bisher erfolgreich unterdrückt hatte: Traurigkeit.

Erschöpfung machte sich breit.

Fürs Leben gelernt habe ich daraus zur damaligen Zeit noch nichts.

Ich wusste nicht, dass meine Seele dringend Aufmerksamkeit braucht.

Und wenn es mir einer gesagt hätte – ich hätte damals nicht gewusst, was ich mit dieser Information anfangen sollte.

Das sollte noch ein paar Jahre dauern. Also habe ich nach den zwei Wochen Pause das gemacht, was ich bis dahin kannte: Arbeiten und weitermachen, als wäre nix gewesen.

Fazit

Rückblickend ist diese Zeit damals für mich eine wichtige und prägende Haltestelle in meinem Leben gewesen.

Sie zeigt mir heute noch, welche Verhaltensmuster ich gelebt habe, mit denen ich mich fast selbst zerstört hätte.

Es macht mich traurig, wenn ich daran denke, wie hart ich über mich und meine Gesundheit hinweggefegt bin.

Doch ich habe diese Erfahrung gebraucht.

Sonst hätte sich nichts geändert.

Ich hätte keinen Grund gehabt, mein Leben zu hinterfragen.

Ich hätte weiter an mir und meinem Leben vorbei gelebt

ohne herausfinden zu wollen,

wie MEIN Leben aussehen kann.

Wer ICH bin.

Aufstellung

R., weiblich, 71 Jahre, nimmt ihre wiederkehrende Schuppenflechte zum Anlass für ihre Aufstellung.

„Schuppenflechte"

Ich bin die Stellvertreterin für die „Schuppenflechte".

Ich kann nicht ruhig auf meinem Stuhl sitzen. Irgendetwas stört mich. Ich bin genervt und kann mich auf nichts anderes konzentrieren.

R. fragt mich, was mich stört. Ich signalisiere, dass mich etwas ablenkt.

Ich lenke mich von mir ab.

Bei dem Satz fällt mir auf:

Ich, mir, mich, das klingt alles so egoistisch.

Ich fühle mich damit zu sehr im Rampenlicht.

Ich komme mir vor wie auf dem Präsenttierteller.

Ich spüre, so viel „ich" ist mir zu viel,

weil es in der Kindheit verboten war.

R. erinnert sich an Sätze aus ihrer Kindheit:

„Dräng dich nicht so in den Vordergrund."

„Sei nicht so egoistisch."

„Es geht nicht nur um dich."

Als „Schuppenflechte" spüre ich es noch einmal deutlich:
Ich war verboten.

R. ist in der Situation so blockiert, dass sie nur verstanden hat, dass sie etwas Verbotenes gemacht hat.

Mit Unterstützung des Seminarleiters wiederholt sie den Satz ganz bewusst mehrere Male.

Ich war verboten.

Mein Dasein war verboten.

Als „Schuppenflechte" könnte ich mich jetzt ununterbrochen kratzen, so stark ist der Juckreiz.

R. formuliert mit Hilfe unseres Seminarleiters Uli:

Ich verbiete mir heute noch da zu sein.

Als „Schuppenflechte" höre ich auf mich zu kratzen, nachdem ich diesen Satz gehört habe.

Ich bin betroffen. Ich spüre, welches Ausmaß diese Aussage für mein Leben hat:

Ich verbiete mir mich.

Ich verbiete mir mein Leben.

Ich verbiete mir alles.

Meine Freude, was mich ausmacht.

Was ich gerne mache.

Was ich gerne wäre.

Was ich will.

Was mir gut tut.

Ich verbiete mir heute noch da zu sein. -
Der Satz hat ein großes Fass in mir aufgemacht.

R. wirkt auch betroffen, doch zunehmend klarer.

Sie fragt sich:

Was hab ich da gemacht all die Jahre?

Was hab ich mir da alles verboten?

Ich weiß eigentlich gar nicht, was mir Freude macht.

Und was nicht.

Ich kann es gar nicht mehr unterscheiden.

Was macht mich aus? Was nicht?

Alles scheint jetzt in Frage gestellt zu sein.

Sie sagt: Ich dachte, wenn ich es mir verbiete, dann mache ich es richtig. Jetzt stelle ich fest, es war gar nicht richtig für mich.

Ihr fallen einige Beispiele dazu ein, was in der Kindheit alles verboten war und was sie sich heute noch selbst verbietet und verbieten lässt.

In ihrer Kindheit war es verboten Süßigkeiten zu naschen. Noch heute verbietet sie sich selbst Süßes zu essen. Und wenn sie zu naschen anfängt, dann kann sie nicht mehr damit aufhören.

R. erinnert sich, dass es ihr als Kind verboten war, abends noch im Bett zu lesen. Heute schmökert sie noch bis in die Nacht, doch sie hat immer noch ein schlechtes Gewissen dabei.

Es fällt ihr jetzt noch schwer, Kleider für sich einzukaufen. Sich etwas zu gönnen war in ihrer Familie verboten.

Sie erkennt, dass auch ihre Gefühle in der Kindheit verboten waren.

Wenn sie geweint hat, hat sie eine Ohrfeige dafür bekommen, „damit du weißt, warum du weinst".

Heute verbietet sie sich immer noch ihre Gefühle und sagt zu Hause nichts, wenn sie sich ärgert. Damit der Haussegen nicht schief hängt und aus Angst, es könnte etwas passieren.

Der Juckreiz der „Schuppenflechte" hat aufgehört.

VI.

Meine persönlichen Krisenzeiten
...und Corona

Ich gehöre einer Generation an, die glücklicherweise bisher weder einen Krieg noch andere größere Krisen miterlebt hat. So bin ich mit der Corona Zeit zum ersten Mal mit einer derartigen Zwangslage konfrontiert worden.

Und obwohl ich das alles als meinen ersten echten Ausnahmezustand erlebe, stelle ich fest, dass meine Gefühle, Gedanken und meine Art damit umzugehen, nicht neu für mich waren.

All das kam mir irgendwie schon bekannt vor.

Ich beschäftige mich schon eine Weile mit mir und habe vor der Corona Zeit einige persönliche Aufstellungen über meine Anliegen und heilsame Einsichten in mir erfahren dürfen. Das hat mir sehr geholfen. Denn mit dieser Corona Krise ist verstärkt altes, seelisch Unverdautes in mir hoch gekommen.

Während dieser Zeit habe ich erkannt, wo ich *wirklich* innerlich stehe. Ein Zwischenfazit in meinem Leben.

Dort habe ich angesetzt. Ich habe mich der Dinge angenommen, die da zum Vorschein gekommen sind.

Inzwischen ist es für mich der normale Umgang mit Emotionalitäten geworden, meine Anliegen in unserer Seminargruppe aufzustellen. Für mich ist das ein schneller und erfolgreicher Weg um meinen Schwierigkeiten auf den Grund zu gehen.

Ich habe gemerkt, wie bedeutsam es für meine seelische Entwicklung ist, mich mit meinen Themen im Nachgang noch einmal zu beschäftigen, denn nur so konnte erst das tiefe Verstehen in mir stattfinden, mit all den dazugehörigen Situationen und Zusammenhängen.

Ich beobachte, welche belastenden Gefühle in mir aufkommen.

Wie geht es mir damit?

Woher kenne ich das?

Wann habe ich solche oder ähnliche Gefühle schon einmal erlebt?

Die Zusammenarbeit in unserer Seminargruppe ist sehr bereichernd für mich, denn auch in den Anliegen der anderen Teilnehmer erkenne ich oft mein Eigenes.

Wir akzeptieren unsere unterschiedlichen Meinungen.
Es ist ein tiefes Verständnis füreinander entstanden.

Wir fühlen uns nicht mehr persönlich angegriffen, - wie es anfangs öfters war -, oder sind beleidigt, denn wir wissen, dass wir nur der Trigger für einen alten wunden Punkt im Anderen sind.

In dieser Gruppe konnte ich mich öffnen und mich meinen Ängsten stellen.

Ängste, die mich und viele andere nicht nur in der Corona Zeit begleitet haben.

Manche Ängste sind immer noch da, doch sie sind inzwischen weniger intensiv und existentiell für mich geworden.

Angst vor
- Krankheiten generell
- Spaltung/ Ausgrenzung
- Unterwürfigkeit
- Gewalt
- Hilflosigkeit
- Armut
- Existenzverlust

All das waren Ängste, die mir nicht neu waren. All diese Ängste kannte ich bereits. Sie begleiteten mich schon seit meiner Kindheit. Mal mehr, mal weniger und nicht immer in der gleichen Intensität.

Jetzt, mit diesem Virus, war das anders. Jetzt kam alles zusammen und die Angst vor Existenzverlust und Armut waren für mich spürbarer als in einer Zeit, in der die Wirtschaft boomte.

Ich erkenne im Nachhinein, wie sehr äußere „Sicherheit" oberflächlich beruhigen kann.

Kontrolle

Während dieser Zeit habe ich in mir ein altes, für mich völlig normales Standardprogramm aufgedeckt, das ich immer schon anwandte um mich in unruhigen Situationen in den Griff zu bekommen.

Kontrolle.

Ich versuchte mich für diese Krise so zu organisieren, dass wir als Familie vorratsmäßig gut gerüstet waren. Für welchen Fall auch immer.

Ich checkte regelmäßig die Nachrichten, R-Wert, Inzidenz,... Ich wollte vorbereitet sein, für welchen Fall auch immer.

Mir war nicht klar, was mir das am Ende bringen sollte, doch ich wollte innerlich und äußerlich vorbereitet sein.

Ich wollte die Situation im Griff haben.

Kontrolle ist etwas, was mich schon seit meiner Kindheit all die Jahre begleitet hat. An mir hing eine Art durchsichtiger Kontrollfaden, den ich seit der Geburt wie eine Marionettenfigur an mir befestigt hatte.

Ich selbst spürte die Kontrolle nicht, denn sie war für mich so normal wie die Luft zum Atmen.

In meinem kleinen, von den Eltern abgesteckten „Freiraum", in dem ich auch noch recht brav und angepasst war, mussten keine größeren Kontrollmaßnahmen ergriffen werden. Ich war auch so leicht überschaubar gewesen.

Angst

Schon als Kind kontrollierte ich mich selbst, aus Angst vor den Schlägen der Mutter und ihren verbalen Brandmarkern.

Pünktlich bevor die Mutter von der Arbeit nach Hause kam, habe ich nochmal überprüft, ob ich nicht irgendetwas falsch gemacht habe, um so jeglichem Ärger und vor allem den befürchteten Konsequenzen aus dem Weg zu gehen.

Waren meine Sachen aufgeräumt? Hatte ich meine Brotzeit entsorgt, die mir nie schmeckte, weil ich Salami auf Leberwurst einfach nicht ausstehen konnte. Ich hatte das zwar mal vorsichtig angedeutet, aber das war irgendwie nicht angekommen.

Mir war es nicht erlaubt gewesen, mittags selbst etwas zu kochen. Die Mutter hatte Sorge, ich könnte vergessen den Herd auszuschalten und damit das ganze Haus in Flammen aufgehen lassen.

Also habe ich heimlich gekocht.
Damals hatte ich kein Smartphone, mit dem ich ein Foto von der Anordnung der Töpfe im Schrank hätte machen können. Doch ich habe mir genau gemerkt, wie die Küche eingeräumt war und wie viel Tomatensauce ich wegnehmen konnte, ohne dass es auffällt.

Ich habe diese Stunden für mich alleine sehr genossen, doch je mehr der Nachmittag voranschritt, desto verkrampfter wurde ich.

Ich habe mehrmals überprüft, ob ich nichts außer Acht gelassen hatte bei meiner Kontrolle.

Zudem musste ich mir ein Mittagessen ausdenken, dass ich mir nie gekauft habe und dessen vorgesehenes Geld ich gut versteckt hielt. Gab ich das Geld dann aus, musste ich mir später auch hier einen günstigen Preis für meine Anschaffung einfallen lassen, der noch im Rahmen meines Taschengeldes lag. Alles andere wäre aufgefallen und hätte mir noch mehr Ärger als ohnehin schon eingehandelt.

> Damals sah ich keine andere Wahl, als mir
> ein ganzes Lügengerüst zurechtzulegen,
> wenn ich einfach mal für ein paar Stunden so
> sein wollte wie ich bin.
> Das war der Preis für meinen kurzen Ausflug
> in die „Freiheit" gewesen.

Jeder Fehler wäre fatal gewesen und hätte mir ordentliche Prügel eingehandelt.

Die verbleibenden Minuten wartete ich wie gelähmt, bis die Mutter nach Hause kam.

Ich war so in Habacht-Stellung, dass ich bereits die Ohren spitzte, wenn die Mutter die Eingangstür aufschloss.

Mein Herz begann schneller und lauter zu schlagen.

Jetzt war es noch eine bestimmte Anzahl an Schritten bis sie den Schlüssel in unserer Haustür ansteckte. Ich war innerlich vorbereitet, doch ich hatte Angst vor der Mutter.

Übrigens habe ich bis vor wenigen Jahren immer noch innerlich gezuckt, sobald mein Mann den Schlüssel in unserer Haustür umgedreht hat.

Ich habe diese kurze innere Aufregung lange gar nicht wahrgenommen. Erst als ich die Zusammenhänge erkannte, warum ich heute noch aufräumte bevor mein Mann nach Hause kam, obwohl alles sauber und ordentlich war, fiel mir diese „hüpfende" Aufregung in mir auf.

Die alte Angst vor Fehlern und deren Konsequenzen war auch im Erwachsenenalter noch da. Sie war jetzt spürbarer denn je.

So war ich auch in dieser Zeit auf der Lauer nach den neuesten Corona News, um keinen Fauxpas zu riskieren.

Ich bin selten so hochkonzentriert einkaufen gegangen wie in dieser Corona Zeit.

Das lag nicht an meiner Einkaufsliste, die ich mir zu merken hatte, sondern an den vielen verschiedenen Regeln in den Geschäften, die ich brav und folgsam (wie früher) beachten wollte um ja nichts falsch zu machen. Hier brauchte ich einen Korb, in dem Geschäft einen Einkaufswagen. Hier die OP-Maske, dort die FFP2. Jetzt noch die Pfeile beachten und die Laufrichtung, Abstand halten, ach ja und einkaufen wollte ich ja auch noch.

Die neuen Kontrollmaßnahmen von Polizei und Gesundheitsämtern störten mich nicht. Ich konnte darin kein Drama erkennen.

Ich spürte die Kontrolle heute genauso wenig wie damals als Kind bei der Mutter.

Es machte mir wenig aus, dass ich abends mit Ausgangsbeschränkungen eingesperrt wurde.

Ich fühlte mich nicht eingesperrt. Ich war so programmiert, ohne mir dessen bewusst gewesen zu sein.

Angepasst hatte ich mich schon von klein auf und dass mein Leben stark von Menschen eingegrenzt wurde, die mir etwas zu sagen hatten, das war ich gewohnt.

Das, was mir am meisten Angst machte, waren die möglichen Strafen, und das obwohl ich keinen Anlass dazu gab, weil ich mich wie eine brave und folgsame Bürgerin verhielt.

Bis heute taucht dieses Angstgefühl immer wieder einmal auf.

Unberührt

In der Anfangszeit *schien* mich die neue Corona Situation wenig zu berühren. Bei mir war alles gut, wenn mich jemand fragte, wie es mir geht. Nach und nach spielte sich ja Normalität in das Ganze ein. Bis zur nächsten Ankündigung von Änderungen und Maßnahmen hatte ich alles unter Kontrolle.

Durch das Anliegen einer Seminarteilnehmerin – sie hatte ihre Schilddrüse aufgestellt - habe ich ein altes Muster aus meiner Kindheit erkannt:

Ich zeigte mich unberührbar.

Als Kind hatte ich mir vorgenommen, der Mutter nicht zu zeigen, wie sehr sie mich getroffen hatte mit ihren verbalen und körperlichen Verletzungen.

Den Gefallen wollte ich ihr nicht tun.

Ich wollte nicht, dass sie mich mit meinen Gefühlen in der Hand hatte.

Das hat sich in meinen späteren Beziehungen so fortgesetzt.

Die wenigen Male, in denen ich mich als Kind und später in der Beziehung geöffnet hatte, waren meine Gefühle mit Füßen getreten oder ins Lächerliche gezogen worden.

Diese Blamage wollte ich mir ersparen, denn der Schmerz der Demütigung war für mich schlimmer als jede Ohrfeige der Mutter gewesen.

Ich wollte mich unberührbar machen und zur „Normalität" übergehen, als wäre nix gewesen.

Im Nachhinein betrachtet konnte ich Normalität lange Zeit nicht definieren.

> Das, was ich bisher erfahren und gelebt hatte von Kindesbeinen an, war nicht MEINE Normalität.
>
> Es kam mir nur so vor, als ob all das, was sich da abspielte und mir von der Familie vermittelt wurde, „normal" gewesen wäre.

Normalität ist für mich das, was ICH bin.

Nicht das, was die anderen für mich als „normal" vorgesehen hatten.

Und auch nicht das, was ich mir aus den damaligen Umständen heraus als „normales" Verhalten angeeignet hatte.

Als Teenager gab ich Freunden keinen Einblick, wie es in mir aussah und wie es mir mit den Eltern erging. Ich habe dieses Thema einfach ausgeklammert und auf meine Art mit mir selbst ausgemacht.

Irgendwie war es mir auch peinlich gewesen.

Außerdem hatte ich kein Vertrauen zu irgendjemandem. Ich glaube, nicht einmal zu mir selbst.

Zu groß war meine Angst, wieder emotional erpressbar zu werden.

Emotional erpressbar und abhängig

Diese emotionale Erpressbarkeit hatte ich auch in späteren Beziehungen erlebt.

Wer den Dreh raus hatte, meinen alten Schmerz der Ablehnung für sich zu nutzen, der hatte ein leichtes Spiel mit mir. Denn mein Partner konnte sich sicher sein, dass ich alles tun würde um einer Trennung aus dem Weg zu gehen.

Jede Form von Ablehnung war für mich beängstigend und fühlte sich verhängnisvoll und existentiell bedrohlich an.

Mich zu ignorieren reichte aus, um mich wieder so zu haben, wie es gut war – für den anderen.

Dabei hallen mir heute noch die Drohungen der Mutter nach, mich in ein Heim zu stecken, wenn ich nicht so mitmachte, wie sie wollte.

In meinen späteren Beziehungen gab es zwei Möglichkeiten, wie ich mit Schmerz umging:

Entweder, eine Beziehung war hoffnungslos beendet, dann zeigte ich nicht, wie verletzt ich war.

Es reichte, wenn hinter geschlossenen Türen meine innere Welt völlig zusammenzubrechen drohte.

Gab es allerdings Hoffnung, dass die Liaison weitergehen würde, schaltete ich wieder auf meine von mir selbst „entwickelten" und bewährten Opferprogramme um.

Ich fügte mich, passte mich dem Partner an und folgte brav. Meine Gedanken kreisten darum, wie ich es in Zukunft besser machen könnte. Mit Tränen „erkaufte" ich mir wieder die Zuwendung des Partners.

Ein Programm, das ich viele Jahre nicht erkannt habe und mir einige weitere Jahre so nicht eingestanden habe.

Egal wie, ich reagierte mit einer der beiden Verhaltensweisen, denn das waren die Programme, die ich kannte.

Damit bin ich bisher durchgekommen.

Entweder ich zeigte nicht, wie getroffen und verletzt ich war oder ich kam wieder angekrochen und signalisierte meine Bereitschaft mich unterzuordnen.

Damals als Kind in der Familie und später als Erwachsene in der Beziehung; ich wollte einfach nur bleiben dürfen und geliebt werden.

Dass ich selbst aktiv entscheiden konnte, ob und wie *ich* mir meine Beziehung vorstellte, das war so unbekannt und weit weg für mich wie das Leben auf dem Mars.

So zeigte ich auch in den ersten Monaten von Corona nicht, was mich innerlich wirklich bewegte. Ich spürte es nicht mal mehr selbst, so dick war meine Schutzschicht inzwischen geworden, die eisern von meinem inneren Panzer verteidigt wurde.

Ich war cool wie immer, redete mir die Welt schön und lächelte wie gewohnt alles andere weg. Wie schon so oft habe ich meine Innenwelt unter den Teppich gekehrt. In der Hoffnung, dass der Berg darunter irgendwann auf magische Weise verschwinden würde.

So schien mein weiteres Leben in der Corona Zeit davon abzuhängen, was die Politiker vorgaben, so wie es damals die Mutter getan hatte.

Meine eigenen Schutzmaßnahmen haben mich früher wie heute so vereinnahmt, dass ich vergessen hatte oder besser gesagt nicht entdeckt hatte, dass es für mich um *mein* Leben geht.

Damals hatte ich mich völlig auf die Mutter und den Familien-clan fokussiert, weil ich dachte, dass mein Leben von denen ab-hängt.

Heute war es die Mutter der Nation und ihre Politiker, die mich glauben ließen, ohne deren Wohlwollen gehe es für mich nicht weiter.

Existenzangst

Je länger dieser Ausnahmezustand anhielt, umso mehr machten sich Sorgen in mir breit.

Mein Mann war in Kurzarbeit. Wie sollte es mit unserer Exis-tenz weitergehen, wo er doch auch noch der Alleinverdiener in un-serer Familie war?

Existentielle Fragen, die ich mir schon so oft im Leben gestellt habe, von Beginn meiner Zeit im Mutterleib an:

Wie soll es weitergehen?

Was passiert mit mir?

Überlebe ich das? Wie komme ich durch?

Was kann ich tun?

Fragen und Ängste, die mich regelrecht gelähmt haben,
 - bereits im Mutterleib.

Die Tätigkeit meines Mannes beinhaltet einen hohen Reisean-teil. Durch die neue Situation war er nun schon viele Monate im Homeoffice. Einen Zustand, den wir so nicht kannten. Alle waren den ganzen Tag zu Hause.

Alles spielte sich unter einem Dach ab. Schule, Arbeit, Familie. Für uns ein gewöhnungsbedürftiges Auskommen. Wir mussten uns plötzlich alle aushalten, ohne Ablenkungs- oder Fluchtmöglichkei-ten.

Dabei fehlte mir so sehr die Zeit für mich, in der sonst alle vormittags aus dem Haus waren und ich einfach für mich sein konnte.

Dazu die unausgesprochenen Sorgen von uns allen.

Spannungen waren vorprogrammiert.

Als Mutter und als Frau war ich bemüht alles richtig zu machen, wie früher als Kind bei meiner Mutter auch.

Wahrscheinlich sitzen oder saßen mir die Strafen von meiner Mutter immer noch im „Nacken".

Homeschooling für zwei Grundschulkinder, Haushalt, trotzdem noch Mama sein, die größer werdenden Risse im Ehebalken kitten und irgendwie auch noch Zeit für mich und meine belastenden Themen finden.

Ein echter Spagat, den sicher alle Mütter nachvollziehen können.

Jetzt war ich froh, „nur" Hausfrau und Mutter zu sein.
Ein zusätzlicher Job hätte mich völlig überfordert.

Druck

Stellenweise habe ich diese Zeit auch völlig konträr wahrgenommen. Sämtliche Freizeitaktivitäten und Fahrdienste der Kinder waren zwangsweise auf Eis gelegt.

Das war so befreiend für mich, einfach mal nicht nach Stundenplan unterwegs sein zu müssen. Auch die vielen Besuchsanfragen und Familienfeiern waren ausgesetzt.

Ich habe mir überlegt, welche der früheren Aktivitäten ich noch beibehalten möchte.
Eine neue Chance für mich auszusortieren...

Andererseits hatte ich das Gefühl, immer noch, beziehungsweise wieder fremdbestimmt zu sein.

Alte Zwänge kamen in mir hoch.

Von heute auf morgen wurde ich in einen Tagesablauf mit Aufgaben gedrängt, die ich mir so nicht ausgesucht hatte. Ich wollte nie Lehrerin sein. Diese Doppelrolle als Mutter und Lehrerin hat in dieser Zeit meinen Draht zu den Kindern verändert. Zudem sollte ich den Kindern eine Medienwelt eröffnen, deren Ausmaß ich gar nicht überblicken konnte.

Ich fühlte mich wieder einmal überrumpelt, ohnmächtig und abhängig von den Entscheidungen anderer.

Ich kam mir so ausgeliefert vor.

Es ging gar nicht mehr darum, was *ich* als Mutter für die Kinder wollte.

Die Situation war halt jetzt so und damit basta.

Ich fühlte mich immer wieder unter Druck, Dinge tun zu *müssen*, die ich so gar nicht wollte.

Etwas, was ich auch schon aus meiner Kindheit kenne.

Ich habe keine Wahl.

Ich stehe unter Druck und muss irgendwann nachgeben.

Nicht zu MEINEN Gunsten, sondern zu Gunsten anderer.

Dinge, die einfach über mich hinweg entschieden wurden. Das war dann halt so. Da half alles nix. Ich musste machen, was *die* sagen und funktionieren.

Früher war es die Familie, heute waren es Politiker und Lehrer.

Sonst gibt es Ärger. Hatte ich doch die Ohrfeigen der Mutter und ihre verletzende Zunge nur allzu gut im Gedächtnis.

Die willkürlich gefällten Entscheidungen der Regierung und die sich ständig ändernde Situation haben mich an die Zeit mit der Mutter erinnert.

Auch bei ihr musste ich immer auf der Hut sein und mich ihrer Laune anpassen, um nicht „zwischen die Räder zu geraten".

Die Corona Situation war und ist für mich genauso unberechenbar wie meine Kindheit.

Auch wenn ich heute keine Gewalt mehr zu befürchten hatte -
meine Angst vor den Strafen war groß. In meinem Kopf ist immer
noch ein altes Programm abgespeichert:

Wenn ich Fehler mache, werde ich bestraft.

Die Strafen von meiner Mutter waren tief verletzend für mich.

Ich habe mich oft bis ins Mark beschämt und erniedrigt gefühlt.

Wie tief diese seelischen Kränkungen doch sitzen...

Ich konnte jetzt nur hilflos zusehen, welch teilweise, für mich
unsinnigen und widersprüchlichen Maßnahmen in unseren Alltag
einzogen.

Ich kam mir vor, wie damals als Kind, wenn die Mutter irgendwelche Regeln aufgestellt hat, die mir zwar dämlich und lächerlich
vorkamen, gegen die ich mich aber nichts zu sagen traute, geschweige denn mich dagegen aufzulehnen.

„Vererbte" Kontrolle

Ich muss gestehen, dass diese Zeit zu Hause auch einen Vorteil
für mich hatte.

Als Mutter, die aus ihrem eigenen früheren Leid heraus ihre
Kinder gerne in Watte packte, kam mir diese Auszeit auch irgendwie gelegen. So waren die Kinder nicht den Einflüssen von außen
ausgeliefert. Ärgernden Kindern, fordernden Lehrern,...

Vor allem – ich hatte alles unter Kontrolle.

Das, was ich früher selbst als Kind erfahren habe, wandte ich heute genauso an.   Bei meiner Familie.

Die Aufstellung eines Seminarteilnehmers, in der ich die Stellvertreterin für die Mutter war, hat mir vor Augen geführt, wie anstrengend und einengend ihre Kontrolle für die ganze Familie gewesen war.

In dieser Aufstellung habe ich mich ganz klar selbst erkannt.

Das wollte ich nicht. Das war mir zuvor auch so nicht bewusst gewesen.

Mit dieser ernüchternden Erkenntnis hat sich ein schneller Wandel in mir vollzogen, zur Erleichterung für meinen Mann und die Kinder.

Dennoch ist mein Kontrollverhalten noch nicht völlständig ausgelöscht, denn es gibt immer noch alte Ängste in mir, die mir und damit auch den Kindern momentan noch keinen anderen Handlungsspielraum erlauben.

Ich als Mittel zum Zweck?

Manchmal wusste ich bei dieser ganzen Corona Thematik selbst nicht mehr, was richtig und was falsch war.

Das hatte ich auch früher schon so erlebt.

Obwohl ich so meine Zweifel hatte, an dem was die Mutter mir früher erzählte, so war sie doch meine Mutter und wenn ich ihren Worten nicht vertrauen konnte, welchen denn dann?

So fragte ich mich auch: Konnte es wirklich sein, dass die Politiker, die wir doch als Volk gewählt haben, denen wir vertrauensvoll unsere Stimme in ihre Hände gegeben haben, dass diese Politiker gar nicht auf *mein* Wohl aus waren?

Dass es denen gar nicht um *meine Gesundheit* ging, um mich als Mensch?

Mich erschlich das mulmige Gefühl, dass es heute als Erwachsene, genau wie damals als Kind, nicht um MICH ging.

Um das, was für mich gut war.

Den Eltern ging es damals auch nicht um MICH.

Für sie war ich nur ein Mittel zum Zweck für ihren Ehe-Rettungs-Plan.

War ich jetzt etwa auch nur Mittel zum Zweck?

Hatten meine „Regierungseltern" auch nur einen Plan?

Wollten die mir auch alles vorgeben und ihre Macht an mir ausleben, wie die Eltern damals?

Was sollte ich von all den Schlagzeilen glauben?

Und wussten die wirklich, was sie da taten?

Meine Meinung ist MEINE Wahrheit

Ein weiteres altes Problem von mir kam zum Vorschein.

Ich traute mich nicht meine Meinung zu sagen.

Als Kind hatte ich keine eigene Meinung zu haben, das galt als Verrat.

Mit einer anderen Meinung hätten sie mich als verrückt abgetan oder „in der Luft zerrissen".

„Spinn dich aus" hätte es dann kopfschüttelnd geheißen. „Red' keinen Blödsinn" oder „Mach ja keinen Ärger" wie mein Vater zu sagen pflegte. Teilweise wurde mir regelrecht der Mund verboten.

Wenn ich mich nicht so benahm, wie es ins Meinungsbild der Familie passte, wurde ich ignoriert.

Mir wurde klar signalisiert:
Entweder du machst mit, so wie wir wollen
oder du gehörst hier nicht dazu.

Heute weiß ich, dass es eine subtile Form von seelischer Gewalt ist, jemandem zu zeigen, dass er ein Nichts ist, indem er „wie Luft" behandelt wird.

Ich kann nur erahnen, wie kränkend und tief spaltend diese Ausgrenzung in der eigenen Familie für mich gewesen sein muss.

Nicht dazuzugehören war für mich in jedem Alter schwierig. Als Kind, als Jugendliche und als Erwachsene.

Ich schwamm lieber im Strom der breiten Masse mit, als
ausgegrenzt und diffamiert zu werden.

Mit Nichtachtung gestraft zu werden war auch später in Beziehungen ein Zustand den ich nicht aushalten konnte.

Dieses tief abwertende und vernichtende Gefühl machte
mich so klein, dass von mir selbst nichts mehr übrig war.

Wie sollte ich also jetzt in einer Zeit, in der wir als Gesellschaft sowieso schon so gespalten sind, meine Meinung sagen?

Mit diesem Buch war ich wieder in meinem inneren Zwiespalt. Auf der einen Seite wollte ich so gerne darüber erzählen, wie sich mein Leben auf wundervolle Weise gewandelt hat in den letzten Monaten und Jahren.

Andererseits traute ich mich nach wie vor nicht meine Meinung zu sagen. Und das auch noch so öffentlich!

Zumal ich den Eindruck habe, dass damals wie heute nur *eine* Meinung erlaubt zu sein scheint und jeder, der eine andere, *eigene* Meinung hat, genauso vernichtend kritisiert wird.

Mein zunehmendes Verständnis für *mich* und *mein* Leben hat mir gezeigt, dass mir niemand <u>meine</u> Meinung verbieten kann.

Als Kind musste ich mir das gefallen lassen.

Heute geht es nicht mehr darum, ob meine Meinung erlaubt ist,

sondern dass meine Meinung die richtige *für mich* ist.

Ich will ehrlich zu mir und zu allen anderen sein, deshalb muss ich ehrlich meine Meinung sagen können. Kein Gesetz der Welt kann meine Seele zum Schweigen bringen.

Niemand kann *mich* verbieten.

Meine Seele ist unzerstörbar.

Ob ich ein Buch schreiben möchte oder nicht, hängt nicht mehr von anderen ab.

Es ist ganz allein MEINE Entscheidung.

Die Ent-täuschung folgt der Täuschung

Irgendwie habe ich in der ersten Zeit dieser Pandemie noch gehofft, dass mit jeder kleinen Verbesserung der Situation dieser leidige Virus doch noch von heute auf morgen verschwinden würde oder sich das Ganze als großer Irrtum herausstellen würde.

Etwas, worauf ich auch früher bei der Mutter gehofft hatte.

Jede kleine freundliche Wende in ihrem Verhalten habe ich als Hoffnungsschimmer gesehen, dass es doch noch besser wird zwischen uns.

Dass sich all das was bisher war, als großes Missverständnis heraus stellen würde und sie mir doch noch sagt, dass sie mich lieb hat.

Doch meine Hoffnung wurde jedes Mal aufs Neue enttäuscht, bereits vor meiner Geburt, wie sich in meiner Aufstellungsarbeit gezeigt hat, sodass ich mich irgendwann immer mehr emotional zurückgezogen habe.

Ich war enttäuscht. Damals wie heute.

Irgendwie war das Leben nicht so berauschend.

Warum all das?

Wofür?

Enttäuschung -
ein Schritt der Wahrheit entgegen

Heute weiß ich, dass die alten Programme und Maßnahmen, die ich aus meiner Kindheit mit in mein Erwachsenenleben genommen hatte, tatsächlich nicht so berauschend für *mein* Leben sind, - auch mit den entsprechenden Auswirkungen für die Menschen in meinem Leben.

Damals ging es für mich nicht darum, MEIN Leben zu *leben*, so wie es am besten für mich ist, sondern wie ich in der Familie irgendwie durchkomme und *überlebe*.

Diese Maßnahmen waren ein kindlicher Plan mit Notfallzulassung gewesen, der heute längst seine Gültigkeit verloren hat.

Damals war es vermutlich das Beste, was ich aus meiner Situation machen konnte.

Meine alten Überlebens-Strategien haben sich auf Dauer als unwirksam herausgestellt.

Sie haben sich in meinem Leben nicht bewährt.

Mein Ziel ist es, mein Leben so zu gestalten und leben zu können, wie ICH bin.

Mein Leben braucht etwas
anderes.

Mein Leben braucht
MICH.

Ehrlich, authentisch, echt.

Aufstellung

A., männlich, 48 Jahre, wählt dieses Anliegen um herauszufinden, woran es liegt, dass wir beide regelmäßig in den Seminaren aneinander geraten. Es sind keine großen Streitigkeiten. Es geht mehr um unterschwellige Spitzen, die wir da gegenseitig verteilen. Verbale Giftspritzen, die irgendwie unnötig sind und dennoch scheinen wir keinen freundlicheren Umgang miteinander finden zu können.

„Ich und Mara"

Ich lese die drei Worte auf dem Flipchart. Sie wirken anklagend auf mich.

Unruhe kommt in mir auf.

Ich fühle mich mit meinem Namen an der Wand vor der ganzen Gruppe zur Schau gestellt. Innerlich brodelt es in mir.
Wie kann dieser Teilnehmer es wagen, MEINEN Namen, ohne mich zu fragen und vor allen anderen auf den Flipchart zu schreiben?

Ich fühle mich angegriffen und vorgeführt.
Vor den anderen Teilnehmern will ich mir nichts anmerken lassen. Auf meine lässige Art spiele ich die Situation mit einer Portion Sarkasmus und gewohnt schlagfertig herunter.

Innerlich würde ich jedoch am liebsten weglaufen. Was soll das hier werden?

In der Aufstellung zeigen sich tief verletzte Anteile aus der Kindheit von A., die die körperliche Gewalt, die von den Eltern ausging, fast besser wegzustecken schienen als deren verbale Beleidigungen. Insbesondere die der Mutter.

Beschimpfungen, Ausdrücke und Erniedrigungen. Schläge.

Anteile, die wir **beide** nur allzu gut kennen.
In diesem Abschnitt unserer Kindheitsgeschichte hatten wir ähnliches erlebt.

Es ist in dieser Aufstellung etwas passiert, was wir bisher so nicht kannten.

Plötzlich ist es nicht mehr nur das Anliegen von A., es geht jetzt auch um meine eigenen Verletzungen aus der Kindheit.

Wir können beide im Laufe der Aufstellung unsere alte Hilflosigkeit spüren. Es fühlt sich für uns an wie damals als Kind.

Ohnmächtig stehen wir da und erleben die Gefühle wie früher nach einer verbalen Attacke der Mutter.

Mein Kopf wird heiß. Der restliche Körper ist wie gelähmt.

Es fühlt sich an wie ein Eimer an Beleidigungen, der über mir ausgeleert wird.

Heute wie damals stehe ich da wie ein begossener Pudel, geohrfeigt mit Worten.

Ich bin handlungsunfähig und warte ab, bis die Situation vorbei ist.

Der Schmerz über die Demütigung sitzt tief.

Dazu kommt der Schock und die Enttäuschung:
Das ist doch meine Mama!

Wie kann meine Mama so etwas zu mir sagen? Die Mama soll mich doch lieb haben und mir Schutz und Halt geben.
Ich bin doch ihr Kind!

Ausgerechnet bei ihr fühle ich mich am wenigsten geliebt und geschützt.

Ihre Angriffe auf mich sind es, die mich innerlich zu Fall bringen.

Ich empfinde es wie Verrat an mir.

Ich fühle mich erniedrigt und bis auf den Grund meiner Seele verletzt und beschämt.

Ich schäme mich für meine Kindheit.

Ich würde mich am liebsten verstecken mit meiner Kindheitsgeschichte.

Diese ganze Situation ist *mir* peinlich.

Ich weiß nicht warum, schließlich hatte ich gar nichts angestellt.
Doch keiner soll mich so sehen.

Ich habe diesen verletzten Anteil mit allen Mitteln verdrängt und zutiefst an mir abgelehnt.

Ich bin wütend über meine eigene Schwäche, erstarrt und wie gelähmt dazustehen, ohne mich wehren zu können.

Auch heute ertrage ich es kaum meine eigenen Kinder hilflos und ohnmächtig zu sehen.

Dabei kann ich regelrecht wütend werden.

Ich wurde oft als taff und schlagfertig bezeichnet. Auf andere wirkte ich dadurch stark.

Es war meine Art, die ich mir angeeignet hatte, um verbale Angriffe abzuwehren.

Lieber teilte ich mit meiner scharfen Zunge aus als dass ich noch einmal so handlungsunfähig dastehen würde wie damals.

Auch wenn ich äußerlich cool und unberührt schien, in mir sah es anders aus.

Nach jeder überstandenen verbalen Attacke war ich innerlich aufgewühlt.

Trotz meiner gekonnten Giftpfeile empfand ich mich nach wie vor ohnmächtig und hilflos wie damals.

Ich selbst hatte nie das Gefühl, einem verbalen Angriff mit meinen Worten gewachsen zu sein.

Solche Situationen hingen mir oft ewig nach. Ich überlegte lange, wie ich es dem anderen beim nächsten Mal noch besser zurückgeben konnte.

Ein Gefühl von Rache, das mich innerlich kochen ließ.

Am Ende bin ich A. sehr dankbar für seinen Mut zu diesem Anliegen.

Tief berührt vom alten Schmerz haben wir beide viel geweint in dieser Aufstellung.

***

Ich erkenne die Parallelen in unserer Kindheit.
Diese beiden verletzten Kinder, jeder hilflos der Gewalt seiner Familie ausgesetzt.

Eine Welle von tiefem Verständnis überflutet mich.
Ich kann es richtig in meinem Herzen spüren, wie sich schon während der Aufstellung Mitgefühl ausbreitet.

Ein warmes Gefühl, dass ich vorher so nicht kannte.

Ich hatte bisher Mit-gefühl mit Mit-leid verwechselt.

Ich kann mit dem „kleinen" verletzten A. mitfühlen.

Ich kann ihm so gut nachfühlen, wie es in ihm wohl aussehen mag.

Und ich bemerke auch erstmals ein Mitgefühl für mich selbst.
Ich verstehe jetzt, warum ich so bin wie ich bin.

Ich habe einen Einblick bekommen, wie es in MIR aussieht.

Auch A. bestätigt, ein tieferes Verständnis für sich selbst und seine Situation bekommen zu haben.

***

Inzwischen sind zwei Jahre vergangen.

Die Giftspitzen zwischen A. und mir sind abgeflaut.

A. und ich hatten noch einige gemeinsame Aufstellungen, in denen immer wieder die Parallelen unserer Kindheit erkennbar waren, was uns beiden geholfen hat zu uns zu finden.

Ich habe verstanden, dass diese Sticheleien nur aus meinem eigenen Minderwert heraus entstanden sind, um für einen kurzen Augenblick den eigenen Selbstwert auf Kosten des anderen zu erhöhen.

Unser gegenseitiges Verständnis ist soweit gereift, dass wir uns beide nicht mehr persönlich angegriffen fühlen, wenn wir unbewusst einen wunden Punkt beim anderen treffen.

Mir ist klar geworden, warum ich bei meinen Kindern wütend geworden bin, wenn sie sich nicht wehren konnten.

Es war meine eigene Wut über *meine* Handlungsunfähigkeit damals.

Ich verstehe mittlerweile auch meine eigene Unfähigkeit als Kind, nicht handeln zu *können*.
Zu groß war der Schock in dem Moment.

Diese Unfähigkeit habe ich als Schwäche an mir verurteilt.

Eine geglaubte Schwäche, die keine Schwäche ist.

Was hätte ich damals tun können?
Zurückzuschlagen hätte mich vermutlich mein Leben gekostet.

Darf ich das überhaupt, die Mama schlagen?

Abhauen von zu Hause? Wohin hätte ich gehen sollen?

Damals kannte ich keine andere Möglichkeit.

Mir ist meine eigene Überlebensstrategie deutlicher ins Bewusstsein gerückt:

Durch Schlagfertigkeit vermeintlich „handlungsfähig" und damit stark sein zu wollen.

Ich habe lange versucht meinen eigenen Kindern genau DAS mit auf den Weg zu geben.

Jetzt erst wird mir klar, dass ich meine eigene antrainierte Strategie zu der ihrigen machen wollte.

Ein fataler Fehler aus meiner früheren Unwissenheit heraus, denn die innere Ohnmacht und Starre war dadurch ja nicht weg. Weder bei den Kindern noch bei mir.

Für mich ist jede Aufstellung eine echte Bereicherung.
Es ziehen dann neue Erkenntnisse in mein Leben, die sich nicht nur auf mich sondern auch auf mein Umfeld positiv auswirken.

Diese Aufstellung ist für mich deshalb so besonders, weil ich dadurch im Herzen verstanden habe, dass wir alle unsere Konflikte lösen können ohne aus der alten Kränkung heraus weiteres Leid zu verursachen.

Für mich ist diese Art der Konfliktlösung ein Beitrag zu echtem und nachhaltigem Frieden.

Noch ein paar Worte zum Schluss

Am Ende dieses Buchs bin ich schon wieder eine andere wie zu Beginn.

Inzwischen bin ich zu weiteren Erkenntnissen gelangt.
Ich werde diese in einem folgenden Band festhalten, weil sie einfach den Rahmen dieses Buchs sprengen würden.

Am Anfang meiner Aufstellungsarbeit dachte ich, ich würde auf einen bestimmten Seelenzustand hinarbeiten, bei dem alle meine Probleme gelöst sind und ich mein Leben ab dann nur noch in Friede und Freude mit Eierkuchen verbringen kann.

Eine wichtige Erkenntnis für mich ist, dass mein Leben, meine Seele in einem ständigen Entwicklungszustand ist und sein wird, bis zu meinem letzten Tag.

Ich habe erkannt, es geht gar nicht darum, alle meine Themen schnell abzuarbeiten, sondern darum, wie ICH mit MEINEM Leben umgehe.

Wie ich mit MIR umgehe

und in der Folge mit anderen

WAS ich lebe und

WIE ich die alltäglichen Dinge in meinem Leben meistere.

Mein Leben hat an Dramatik verloren.

Ich fühle mich nicht mehr überrumpelt von den großen, wie kleinen Ereignissen, die mich früher schnell aus meiner seelischen Bahn geworfen haben.

Die Beziehung zu meinem Mann ist entspannter geworden und birgt weniger Konfliktpotential, seit ich mich MEINEM Leben annehme.

...und mich nicht mehr in SEINE Angelegenheiten einmische.

Ich habe erkannt, dass es nicht meine Aufgabe ist den Eheretter zu spielen.
Weder bei den Eltern noch in meiner eigenen Ehe.

Deswegen bin ich im Leben jedoch nicht abgestumpft.
Im Gegenteil.

Wo früher chaotischer Nebel und Aufregung in mir herrschte, kehrt mehr und mehr ruhige Klarheit ein und es findet ein umfassenderes und subtileres Verstehen in mir statt.

Auch die Kinder wirken auf mich spürbar freier. Durch sie erkenne ich oft meine eigenen alten destruktiven Programme, **die ich bereits an sie weitergegeben habe.**

Ich staune immer wieder, wie sich schlagartig eine Verhaltensänderung bei den Kindern einstellt, wenn *ich* die Ursachen meines alten Programms in einer Aufstellung erkannt habe.

Ich habe festgestellt, wenn ich als Erwachsene gut leben und meine Schwierigkeiten heilsam aus der Welt schaffen will, dann führt kein Weg an meiner Kindheit vorbei.

Mir ist klar geworden, wenn ich meinen eigenen Kindheitsfilm nicht anschauen kann oder will, wie soll ich dann meine Rolle als Erwachsene wahrnehmen und gut spielen, im Drehbuch meines Lebens?

Wie will ich meinen Kindern eine hilfreiche Begleitung sein bei ihren alltäglichen Sorgen und für ihr Leben generell, wenn mein

eigenes inneres Kind immer noch hilflos im Erwachsenenleben da-
steht wie damals?

Spätestens mit der Corona Zeit ist mir bewusst geworden:

Wenn ich seelisch und körperlich gesund leben will, dann
braucht es ein echtes Interesse an mir selbst und die Bereitschaft
meine eigene Maske abzulegen.

Die Ära des schön Redens und Weglächelns ist vorbei.

Es wird Zeit, ehrlich zu mir und zu anderen zu sein, anstatt
mich in meinem jahrzehntelang aufgesetzten Möchte-Gern-Kos-
tüm zu zeigen.

Die alten Programme haben ausgedient.

Wir alle tragen seelische Wunden in uns.
Das ist keine Schande.

Ich muss mich dafür nicht schämen.

Sie sind einfach Teil meines Lebens und *die* Chance, mich in
der Tiefe kennenzulernen und weiter zu entwickeln, - zu MIR hin
und für mein weiteres Leben.

Auch wenn ich meine Biographie nicht ändern kann, so kann
ich doch Heilung in mein Leben bringen.

Ich ganz allein trage die Verantwortung für mein Leben.

Selbst wenn ich Opfer einer vergangenen Situation gewesen bin,

nur ICH allein kann Heilung in MEINE Vergangenheit bringen.

Wir alle können diese Wunden nutzen indem wir sie erkennen und in uns heilen und so wieder gesunde Anteile in uns schaffen.

Will ich bewusst das Leben leben, das für mich gut ist?

Oder will ich nur „irgendwie" durchkommen und überleben?

ICH entscheide für mich, wie MEIN Leben weiter verlaufen soll.

Ich habe MEINE Wahl für MICH.

Wir alle haben die Wahl.

Bis bald, Eure Mara